JN117322

やってる人は稼いでる！

ビジネスYouTube入門 その②

YouTube ショート動画ビジネス革命！

YouTube戦略コンサルタント
菅谷信一

はじめに

「失われた30年」といわれるほど長期に及んだデフレ経済が転換期を迎え、物価が上昇するインフレ経済が到来しています。

しかもそれは、経済全体が活性化し需要が拡大するなかで起きる「良いインフレ」ではなく、原材料や資源価格の上昇により引き起こされる「悪いインフレ」です。

需要が伸びず、売り上げが増えず、景気は低迷したまま物価や金利だけが上昇していくという厳しい経済環境に、我々中小・零細企業は立ち向かっていかなければなりません。

このような時代において、最もやってはいけないことは価格で勝負することです。さまざまなコストが上昇するなかで低価格競争に陥れば、致命傷を負う可能性もあります。

ではどうすればいいかというと、「価格」ではなく「価値」で勝負することです。価値訴求型の経営戦略に舵を切らなければなりません。

インフレ時代に求められる価値訴求型の経営戦略に非常にマッチしたツールが「ＹｏｕＴｕｂｅ」です。

１分間の動画は、１分間で読める文章と比べて、４５００倍の情報量があると言われています。言い換えれば、自分の会社（お店）の商品やサービスの価値を４５００倍伝えられるのが動画ということです。

自社の商品・サービスの価値が正確に伝われば、価格の安さに釣られてではなく、商品・サービスの値打ちを理解したお客様だけがやってきます。その結果、価格競争から脱却できることになります。

その意味でＹｏｕＴｕｂｅを活用した動画マーケティングはインフレ時代に有効です。

さらに、そのＹｏｕＴｕｂｅを上回る成果を発揮できるツールが２０２１年に登場しました。

「ＹｏｕＴｕｂｅショート」です。

私はＹｏｕＴｕｂｅ戦略コンサルタントとして、企業のＹｏｕＴｕｂｅ戦略のサポートをしつつ、各地で講演や企業研修を行っています。

私が開催する企業研修ではショート動画を参加者に投稿していただきますが、投稿後、短時間でＧｏｏｇｌｅ検索の１位にその動画が表示されることが多々あります。

「投稿30分後にＧｏｏｇｌｅ1位」は当たり前で、最短では「投稿2分後に1位」もありました。

これはインターネットの歴史のなかであり得なかった、驚くべき事象です。

私はネット業界歴25年の経験を生かし、「菅谷式ＹｏｕＴｕｂｅ戦略」として、継続的な大量投稿の重要性を常々説いてきました。ＹｏｕＴｕｂｅショートの登場は、この戦略に強烈な追い風となっています。

ほんの10秒、15秒の動画を継続的に投稿するだけで、着実に問い合わせや来店が増加する。そのような効果が期待できるからです。

人材や資金の乏しい中小企業にとって、ＹｏｕＴｕｂｅショートは天から降ってきた強力な武器といえます。

このＹｏｕＴｕｂｅショートの特性を理解し、ビジネスに活用する方法をお伝えするのが本書の目的です。

ＹｏｕＴｕｂｅショートに関する考え方はもちろん、動画撮影・編集、投稿する際の設定方法などを解説しています。また、実際に効果を実証済みの事例もたくさん掲載しています。ぜひ自社に参考になる事例を見つけてください。

本書は、

●ビジネスにＹｏｕＴｕｂｅを活用したいが、どうすればいいかわからない。
●すでにＹｏｕＴｕｂｅを活用しているが効果があまりない。
●ＴｉｋＴｏｋとＹｏｕＴｕｂｅ、どちらを活用すればいいか迷っている。
●お金をかけずにできる集客の方法を知りたい。

そんな悩みや課題を持つ中小企業・店舗の経営者やマーケティング担当者にとって最適な指南書となっています。ぜひ本書を片手に実践してみてください。

本書で紹介するＹｏｕＴｕｂｅショート戦略が、あなたのビジネスの発展につながれば、著者としてこれほど嬉しいことはありません。

YouTube戦略コンサルタント

菅谷信一

もくじ

Short Movie Evolution!!

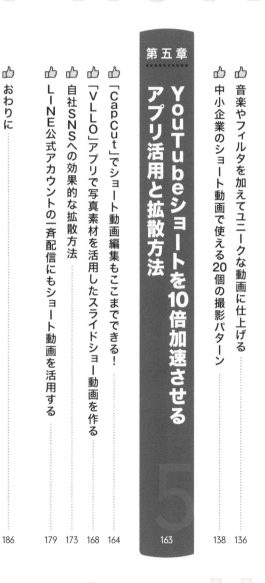

序章

CHAPTER 00

ビジネスYouTubeの基本を知るためのQ＆A

YouTube Short Movie Business Revolution!!!!

序章では、２０２０年に出版した私の著書『やってる人は稼いでる！ ビジネスＹｏｕＴｕｂｅ入門』（スタンダーズ）の読者から寄せられた質問・疑問に回答していきます。

本書のテーマであるＹｏｕＴｕｂｅショート戦略にも関連する部分が多く、このＱ＆Ａを読むだけでも中小企業のＹｏｕＴｕｂｅショート活用のポイントをおおまかに理解していただけます。

ビジネスを目的としたYouTubeの動画は面白くないといけない？

面白い必要はまったくありません。

ＹｏｕＴｕｂｅを投稿している人というと、いわゆる「ユーチューバー」を思い浮かべがちです。しかし、我々が目指すＹｏｕＴｕｂｅのビジネス活用（これを本書では「ビジネス

YouTube」と呼びます）は、ユーチューバーの動画とはまるで別物です。ユーチューバーの動画は、確かに、面白い内容であることが大切です。面白い動画を投稿することで、再生回数を伸ばしたりバズらせたり、チャンネル登録者数の獲得を狙ったりします。それが結果的にYouTubeから得る広告収益につながるからです。

しかし、我々のYouTubeの目的は違います。

この本を手に取っているあなたは、事業の規模は問わず、自分のビジネスを行っており、何らかの課題を抱えているはずです。そしてその課題を解決するためにYouTubeに取り組もうとしているのではないでしょうか。

その課題とは、売上アップ、成約率アップ、リピート率アップ、商品・サービスの認知獲得、人材獲得といったところでしょう。これらの課題を解決することが我々中小・零細企業のYouTube戦略の目的です。

YouTubeで広告収入を得ることは想定しなくていいわけですから、再生回数を伸ばすことやチャンネル登録者数を増やす必要はありません。ゆえに、動画が面白い内容である必要もないのです。

ビジネスＹｏｕＴｕｂｅとユーチューバーの動画はまったく別物です。

私はビジネスＹｏｕＴｕｂｅを専門として13年間以上にわたり、日本中の会社に指導してきましたが、ＹｏｕＴｕｂｅ活用で成果を出している会社はいずれも「面白い」を追求していません。それが答えです。

動画では経営者などの顔を出した方がいいのでしょうか？

出した方がいい場合もあるが、出さなくてもいい。

これはよくいただく質問です。顔出し問題についてはいろいろな考え方がありますが、結論から言うと「出した方が反応はいい」です。

顔の見えない相手のことは信用しづらいというのが、ビジネスに限らず人間社会の基本だからです。顔が見える動画の方が、親近感を持ってもらいやすく信用してもらいやすいといえます。

また、本人が出てこない動画が多い中、出てくる動画の方がインパクトはあります。

ただ、どうしても顔出ししなければならないわけではありません。

「顔出しがイヤだから動画投稿したくない」では一歩も前に進みません。まったくやらなければ効果は0ですが、顔出しナシの動画でも投稿すれば効果は期待できます。

たとえば製造業などでは、手元の作業をアップで映しながら話すだけでも動画として成り立ちます。建設業だったら、現場の様子を説明しながら撮影するだけでも自社のアピールになります。

また、手持ちの画像や資料を組み合わせてスライドショー形式にして、そこにナレーションを的に声をかぶせるといった方法でも動画にできます。

工夫次第で顔出しをせずとも動画の投稿はできます。その小さな一歩がビジネスYouTubeを推し進めることになります。

動画の編集なんてできる自信がありません。

◀ 編集は慣れれば簡単です。また、高度な編集は不要です。

ビジネスＹｏｕＴｕｂｅを実践するうえで、編集は限りなく優先順位が低い要素です。**極端な話、編集能力ゼロでも結果は出せるのがビジネスＹｏｕＴｕｂｅです。**

したがって、話している内容をすべてテロップにしたり、動画の雰囲気を盛り上げるＢＧＭを流したり、細かなカット割りでドラマチックに見せたりする編集は、まったく必要ありません。

そういった意味でも、ビジネスＹｏｕＴｕｂｅとユーチューバーの動画では注力すべきポイントがまったく異なるのです。

ただ、本書の趣旨である「ＹｏｕＴｕｂｅショート」動画においては、検索キーワードをテロップで挿入するくらいの編集は行う必要があります。YouTubeショートの特性上、説明文やURLなどを容易に確認できないので、テロップで補う必要があるからです。その編集も無料のアプリを使って簡単に行えます。YouTubeアプリにもショート動画を撮影して簡易的な編集をする機能があるので、それだけでも十分です。

YouTubeよりもブログを書いた方が営業的な効果は高いのでは？

YouTubeショートの方がSEO対策としてブログよりも優秀です。

ビジネスYouTube（YouTubeショート）に取り組むと、実に多種多様な検索キーワードで、自分のYouTubeがGoogle検索結果の上位に表示されます。

その前提にはロングテール理論があります。数少ないヒット商品の売上よりも、普段はあまり売れない無数の商品の売上合計額の方が大きいという経済分野の理論です。

ロングテールSEOの考え方

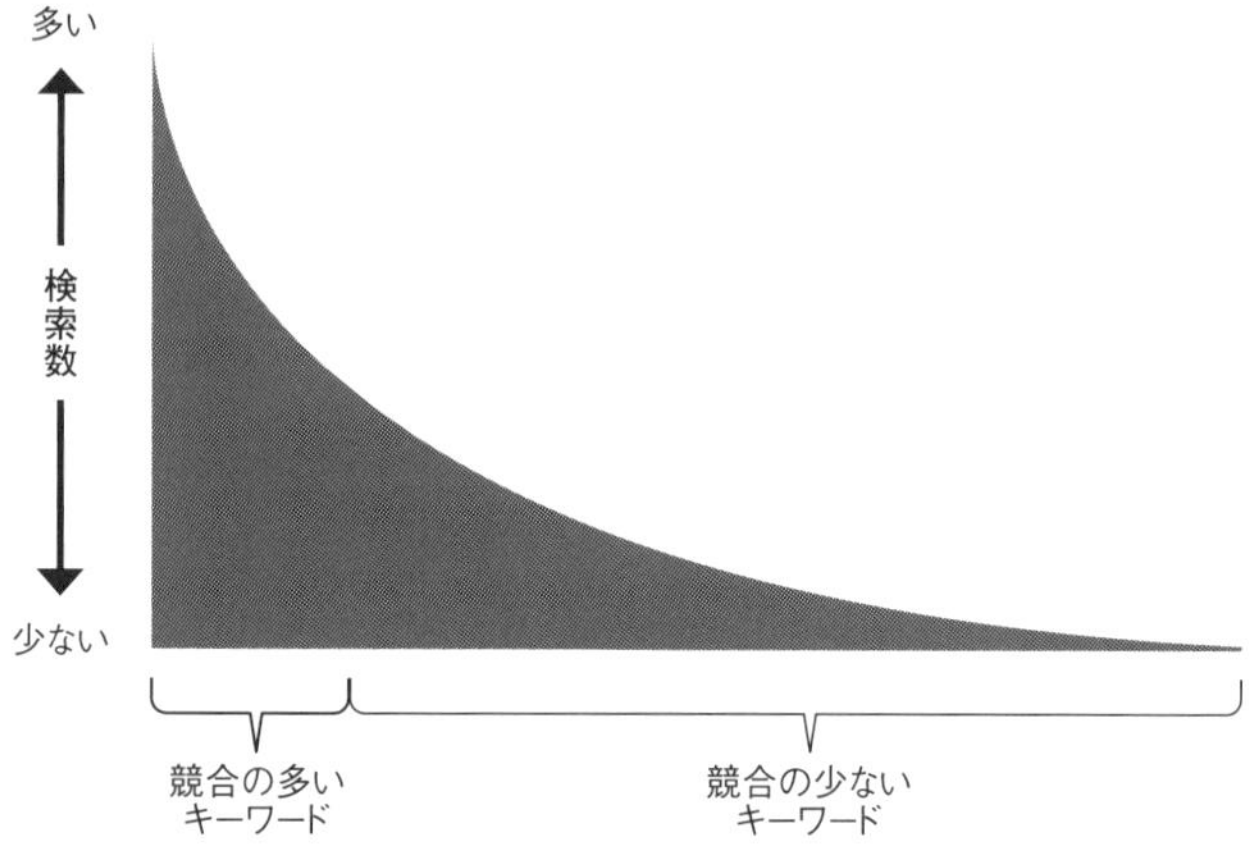

複数の単語で構成される、競合の少ない検索キーワードで勝負するのがロングテールSEO戦略。検索される回数は少ないが、検索目的が明確なため、購買意欲の高いユーザーを獲得できる。

これを検索エンジン対策（SEO）に当てはめて考えると、動画の大量投稿が極めて有効であることがわかります。

つまり、このような理屈です。年に一度か二度くらいしか検索されないような需要の少ない言葉、非常にニッチなキーワードで、検索結果の1位を獲得する。そんな**「小さな1位」を数百、数千、数万と積み重ねることで、実にさまざまなキーワードで自社の動画が1位に表示される**ようになる。これがSEOにおけるロングテール戦略です。

私はインターネットの業界で25年以上にわたって事業を継続し、ホームページはもちろん、ブログやツイッターなどさまざまなSNSを積極的に活用してきましたが、いずれの媒体でも、Google検索の1位を取ることは非常に難しいことを痛感しています。

たとえばブログに文章を書いても、執筆する手間と時間のわりにSEOの効果は低く、検索結果1位どころか上位を獲得することも難しいのです。

また、苦労して検索上位になったとしても、Googleのアルゴリズムの変更などで、上位から転落したり、まったく検索結果に載らなくなったりすることは起こり得ます。SEO対策専門の業者がしのぎをけずっている状況を見ても、SEO対策の難易度の高さが分かります。

一方、YouTube、**特にYouTubeショート動画は、撮影して少しテキストを挿入する程度の編集をしてアップロードするだけで、時間をかけずに検索結果の1位を獲得できるという非常に優れたSEO対策ツールです。**

慣れれば10分くらいで、10秒の動画を撮影・編集できます。そして10秒の動画を10本作れば、10個の検索1位を獲得することも可能です。

ブログに記事を書いて検索1位を取ることもできるかもしれませんが、そこにかかる労力は膨大です。記事の構成を考え、検索キーワードを考え、原稿を執筆して内容をチェックして、画像や図を用意して、ブログツールにアップして……1日かけて1記事できれば良い方ではないでしょうか。

それに比べてYouTubeショートのいかに簡単なことか。

もちろんブログを否定するわけではありません。得意不得意がありますから、文章を書くのが得意という人は、ぜひブログにも取り組んでいただければと思います。

ただ、**忙しい中小企業経営者にとって時間は命です。時間効率の高い効率的なSEO対策の手段としては、ブログよりもYouTubeショートの方に分がある**といえるでしょう。

大量投稿が必要といいますが、どのような動画を作ればいいのかわかりません。

◀どのような動画でも構いません。悩んだら本書の第4章を参考に。

YouTube動画やショート動画によって、SEO対策を行うことがビジネスYouTubeの肝です。そこで**理解したいのは、「動画の内容」と「SEO対策」はあまり関連がない、ということです。**

なぜかというと、Googleが AIなどを使って動画の内容を把握して検索結果を決めているわけではないからです。

ではGoogleはどこを把握して検索順位を決めているかというと、動画の内容以外の、実に複雑な数百の評価項目の総合評価によって順位を決定しています。

ですから**動画の中身は、おおむねあなたのビジネスに関わることなら何でもいい**ととらえてください。

たとえば住宅会社だからといって、必ずしも、「住宅についての豆知識」を解説するようなお役立ち動画を撮る必要はありません。

自社で施工中の建物ができるまでの作業工程を一つ一つ撮るといったことでも十分です。基礎工事をしている様子、壁に断熱材を入れている様子、ペンキを塗っている様子などなど……そういった工程を見せるだけでも、見込み客である視聴者に安心感を与える素材になります。

「有益な動画」「役立つコンテンツ」を投稿しなければならないという気負いは捨てて、柔軟な姿勢で気楽に取り組んでください。それが結果的に成果につながり、ビジネスの成功につながります。

1日に何本も動画を出すのはとても大変。1日1本じゃダメなんですか？

1日1本でも十分！　可能な範囲で継続することが大事。

先ほども触れましたが、ビジネスYouTubeの一番のメリットは時間と手間をかけずに検索1位を獲得できることです。

ただ検索結果1位を取れるキーワードの多くはニッチなキーワードになります。当然、ニッチなキーワードですからその言葉で検索する人は多くありません。

したがって、**数多く投稿して数多くの検索1位を獲得することが、自社の情報に触れる人を増やすためには重要になります。**

そして本数と同時に大切なことは、継続することです。継続的な投稿をしていくことがYouTubeチャンネルとしての評価を高めることになります。

ある一時盛り上がって100本投稿して、その後はパタッと辞めてしまうYouTubeチャンネルをGoogleは高く評価しません。反対に、細々とでも継続した情報発信をすることをGoogleは評価します。

ですから、**「1日何本投稿するか」以上に大切なのは、コツコツと継続して投稿することです。そこを重視してビジネスYouTubeを実践しましょう。**

私がビジネスYouTubeを指導した経営者のなかには、これまで2万本以上投稿した方が1人います。熊本県・輪島漆器仏壇店の永田社長です（第3章で紹介）。また、1万本以上投稿した方も6人います。1千本以上投稿した方は数えきれません。

いずれも数多く投稿した方が早めに結果が出ているというのは一貫した傾向です。

「毎日一定時間をYouTube投稿に使う」のもいいのですが、それが難しい場合は、たとえば「週に1回30分、集中してＹｏｕＴｕｂｅ動画を撮影・編集・投稿する」でも構いません。

いずれしても**自分が可能な範囲で、1本でも多く投稿していく姿勢が大事です。**

「そうはいっても、何を撮っていいのかわからない……」という方のために、第4章では、「中小企業がショート動画の撮影に使える20のパターン」を紹介しています。これを参考に撮影してみるのもいいでしょう。

高価な撮影機材は必要でしょうか？

◀ スマホで十分です！

これもよくいただく質問ですが、結論からいえば、高価な機材はまったく必要ありません。

お手持ちのスマホだけで動画を撮影・編集できます。**特にYouTubeショートの場合は縦長の動画を撮る必要があるので、スマホのカメラの方が好都合です。**

YouTubeショートだけでなく標準動画も撮影する予定があり、それをできるだけ高画質で撮りたいという考えがある場合には、小型のビデオカメラを買うのもよいでしょう。その場合も、高価な機材である必要はありません。

クロージング動画とはどういうものですか？

お客様に向けたラブレターです。

YouTubeは全世界に向けて動画を公開できる動画共有サイトですが、実はもう一つの公開方法もあります。「限定公開」です。

限定公開とは、そのURLを知っている関係者だけが見られる動画のことです。この限定公開を使ってクロージングを行うものが「クロージング動画」です。

商品・サービスを買っていただけそうなお客様に向けて、クロージングのスクリプト（台本）に沿って動画を撮影。そのURLを送って動画を見てもらいます。

それは、**お客様に向けた動画のラブレターともいえます。「あなたに対して語りかけていますよ」という個別感を演出することで、動画を使わないクロージングと比べて成約率が飛躍的に上がります。**

実際に私がコンサルティング指導している会社でも、クロージング動画での成功事例が数多く出てきています。

「本当にそんな効果があるのかな？」と疑問に思ったかもしれません。

ではあなたは、お店・会社から、あなたのためだけに語りかけている動画（ビデオレター）をもらったことがありますか？

おそらく99％以上の方が、そのような経験はないと答えるのではないでしょうか。

実際にクロージング動画を作って送ってみるとわかります。お客様の多くは、「こんな動画をもらったのは初めてです！」と感激してくれるでしょう。

「社長が忙しい時間を割いて、私のためだけに提案の動画を撮って送ってくれてありがとう」と感謝の言葉を伝えてくれるお客様もいます。それほどまでにクロージング動画の威力は抜群なのです。

本書のテーマは集客を目的としたYouTubeショート動画ですが、ビジネスYouTube戦略を総合的に考える場合、最後の「詰め」であるクロージング動画も絶対に欠かすことのできない使い方の一つです。

商売は問い合わせをいただいて終わりではなく、正式なお申し込み（契約、購入）をいただき、代金をいただくまで気を抜けないからです。

YouTubeショート戦略が軌道に乗り集客ができるようになったら、ぜひ限定公開のクロージング動画の活用も考えてみてください。

YouTubeを始めましたが、再生回数もチャンネル登録者数も一向に伸びません。大丈夫でしょうか？

再生回数は、「薄い1000回よりも濃い10回」です。

面白おかしい動画を作り、それがバズって1000回、1万回、10万回と再生されたとします。しかし見てくれた人が小学生ばかりだったらどうでしょうか。果たしてあなたの会社が扱っている商品は売れるでしょうか？

当然、売れるはずはありません。**自社の商品がターゲットとする人とかけ離れた層に、いくらたくさん見てもらったとしても売上につながらないからです。**1００万回見てもらったとしても1件の成約にもつながらなかったら、そのビジネスYouTube戦略は失敗です。

反対に、自社が事業を展開している地域、あるいは自社がターゲットとしている客層に対してきちんとリーチして、限られた10人に見てもらう。そしてそこから3件の問い合わせ・資料請求を獲得し、そのなかで1件の成約につなげる。それができればビジネスYouTube戦略は大成功です。

これがビジネスYouTubeの基本的な考え方です。再生回数を競い合うユーチューバーの理論とは正反対にあるといえます。再生回数を気にする方はたくさんいらっしゃいますが、そこに一喜一憂しないことがビジネスＹｏｕＴｕｂｅでは肝要ということです。同時にチャンネル登録者数も気にする必要はありません。

理由は明確で、**チャンネル登録者数0人でもGoogle検索の1位が取れますし、売上に結びつくからです。**

ユーチューバーは動画の最後に「チャンネル登録お願いします！」と呼びかけていますが、その理由は、チャンネル登録者が１０００人集まらないと広告収入が得られないからであり、とにかく多くの人にアプローチして再生回数を増やしたいからです。

ビジネスＹｏｕＴｕｂｅを実践する我々は、広告収入を目的としていませんし、再生回数も気にする必要がありません。だからチャンネル登録者は０人でも問題ありません。

ですから、動画の最後に「チャンネル登録お願いします！」など呼びかける必要はまったくありません。

そういったところもビジネスＹｏｕＴｕｂｅとユーチューバーの違いといえます。

ビジネスＹｏｕＴｕｂｅの成否を判断する基準は、チャンネル登録者数や再生回数ではありません。

「YouTube経由で、年間何件の問い合わせを獲得できたか」「そのなかから何件成約し、いくら売上を伸ばせたか」です。その点だけはシビアに分析・判断しましょう。

一章

CHAPTER 01

なぜ時代は「YouTubeショート動画」を中心に動いているのか？

YouTube Short Movie Business Revolution!!!!

ネットマーケティングにおける短期決戦化とコロナによる社会動向の変化

あらゆるものに「時短」が求められる時代に

動画マーケティングは今、ＹｏｕＴｕｂｅショート動画を中心に動いています。なぜそのような状況になったのか、この第1章では背景を説明します。

昨今、若者を中心に**「タイパ（タイムパフォーマンス：時間対効果）」の概念が広まってきています。**

時間の節約が一層重視され、せっかく時間をかけるなら、それだけ価値があるものでないと満足できないという人が増えているのです。

ＹｏｕＴｕｂｅの動画も、以前までは「3分」程度が適切でしたが、この数年の間に「3分では長い」という認識に変わりつつあります。

ＴｉｋＴｏｋやＹｏｕＴｕｂｅショート、インスタグラムのリールを始めとした短尺動画が増えてきたこともこれに関連しています。「時短」「効率」を求める消費者の増加につれて、動画も短い内容のものが好まれるようになっています。

ちなみに動画に限らず、ホームページも「時短」が主流になってきています。

企業のホームページにアクセスした人の平均滞在時間は約1分20秒と言われています。この時間は数年前や10数年前と比べて大幅に短くなりました。

せっかくホームページを充実させ、何十ページも作ったとしても、ほとんどのユーザーは2分も見ることなく去ってしまうわけです。

1分20秒しか滞在しないとなると、トップページのインパクトを高めたり、あるいは縦長1ページのLP（ランディングページ）型にして他のページに遷移する手間を省いたりと、読ませるためのさまざまな工夫が必要になります。

なぜ、それほどまでに時短が求められているかというと、その理由の一つには情報量の増加が挙げられると思います。

情報過多社会のなかで、ユーザーは一つ一つの情報をじっくりと確認するのではなく、素

早く効率的に情報収集したいと考えるようになっています。

そのために情報提供側でも、スピーディーに情報を伝えて成果につなげる「時短」「短期決戦」が、大きなトレンドになっているのです。

◀時間拘束型メディアは嫌われる

またコロナ禍をきっかけに、「時間拘束型メディア」が消費者の間に受け入れられにくくなったという事情もあります。

「時間拘束型メディア」の代表はテレビです。 テレビ番組を見るためには、指定された時間にテレビの前にいなければならず、時間も場所も拘束されることになります。スマホを使えばいつでもどこでも見られるネットメディアとは大きな違いがあります。

時間拘束型メディアを敬遠し、非拘束型のメディア（ネットメディア、SNS、動画配信サービスなど）を積極的に使う傾向が、コロナ禍の3年間で一層強くなったといえるでしょう。

なお電話も、時間拘束型のメディアのようなものといえるでしょう。 相手の時間を拘束するツールだからです。しかも無理やり、予告もなく時間を奪い取るという側面を持っています。

そのため、若い世代のなかには「いきなり電話をかけてくるなんて非常識」「相手の必要な時間を電話で奪うのは失礼に値する」という認識も広がりつつあります。

相手の貴重な時間を拘束する媒体や習慣が、社会の中で受け入れられづらくなって(一部の人には毛嫌いされて)いるという現状があります。

そして、**非時間拘束型のメディアとして存在感を増しているのが、YouTube、TikTokなどのスマホで視聴できる動画メディアです。**

1分間で伝わる情報量で、動画情報は文字情報の4500倍。豊富な情報伝達力を持つ動画を見ることで、ユーザーは「効率的に」「自分のペースで」「場所を選ばずに」情報を収集できます。

そして、ネットマーケティングにおける「時短」「短期決戦」の傾向とも相まって、**非拘束型メディアであるYouTubeにおいても、より短い動画が好まれるようになっています。**

YouTubeショートが開発された背景には、このような社会状況の変化があると考えられます。

中小企業は変化対応業

コロナ禍はいずれ収まりますが、一度定着したこれらの習慣や価値観が元に戻ることはないと考えられます。

会社がテレワーク体制に移行し、出社しないでも仕事ができることを覚えた従業員のなかには、「コロナ禍が終息しても出社したくない」と考える人も多くいます。

不必要な飲み会がなくなってありがたいと思っている人たちもたくさんいるはずです。面談やミーティングだって「対面が大切」という意識は薄れ、「オンラインでできるものはオンラインでいい」という考えに多くの人が変わりました。

そういった意味では、コロナが残したものは負の遺産ばかりではないといえるかもしれません。

私が中小企業経営者に常々お伝えしていることは、中小企業は「変化対応業」であるということです。変化に対応できなければ市場からの撤退を余儀なくされます。生き残りたいなら変化に対応する必要があります。

動画マーケティングに関しても、時代の変化に対応していかなければなりません。

「こんな10秒の動画が何の役に立つのか」といった偏見や先入観を持つ経営者は多いのですが、それは変化に対応できていない証拠です。

いい悪い、好き嫌いなどは関係なく、柔軟な考えを持って変化に対応できている会社はしっかり業績を伸ばしています。

時代の変化に対応して勝ち残るために、中小企業がいま取り組むべきマーケティング手法が、本書で紹介する「YouTubeショート戦略」なのです。

YouTubeショートとは？　従来のYouTube動画との違い

GoogleはYouTubeショートを全力で推している

本書のテーマであるＹｏｕＴｕｂｅショートとは、どんなものでしょうか。また、従来のＹｏｕＴｕｂｅ動画とは何が違うのでしょうか。スペック的な違いは次の通りです。

●YouTubeの標準動画

横向きに撮影してＹｏｕＴｕｂｅに投稿した動画。動画の時間は長くても短くても関係ない。ＰＣやスマホで見る。

動画の下に、説明文のうち最初の3行が表示され、「もっと見る」をクリックするとすべてが表示される。

●YouTubeショート

日本では２０２１年7月13日からスタートしたサービス。「縦長」かつ「60秒以内」の動画。二つの条件に合った動画をＹｏｕＴｕｂｅに投稿すると、自動的にＹｏｕＴｕｂｅショートとして認識される。スマホで撮影し、スマホで閲覧することを想定している。

動画を開いただけでは説明文は表示されない。

現在、ＹｏｕＴｕｂｅあるいはその親会社であるＧｏｏｇｌｅは、ショート動画を一般の動画よりも優遇しています。ＹｏｕＴｕｂｅやＧｏｏｇｌｅの様々な部分に、優遇している証拠を確認できます。

次の画像をご覧ください。私のＹｏｕＴｕｂｅチャンネルです。このチャンネル内では、標準動画とショート動画のセクションでタブが分かれているのがおわかりになるかと思います。

一度でもショート動画を投稿したチャンネルはこれと同じように、ショート動画のタブが自動で表示されることになります。これはＹｏｕＴｕｂｅ側が、標準動画とショート動画を混在させるのではなく、まったく別物として扱っていることを示しています。

チャンネル画面でも存在感のあるショート動画

一度でも投稿すれば「ショート」タブが表示される

またスマホでＹｏｕＴｕｂｅアプリを開くと、下部に配置されたボタンに「ショート」の文字があるなど、いかにもショート動画が目立つデザインになっています。

さらに、下部中央にある「＋」（新規投稿）のボタンを押すと、最上段に「ショート動画を作成」と出てきます。ショート動画をたくさん作って投稿してほしいというＹｏｕＴｕｂｅ側の思惑が現れています。

Ｇｏｏｇｌｅ検索やＹｏｕＴｕｂｅ検索の結果にも、ＹｏｕＴｕｂｅショート動画がよく表示されます。これはＧｏｏｇｌｅ及びＹｏｕＴｕｂｅが、「ＹｏｕＴｕｂｅショート」を猛プッシュしている最も大きな証拠といえるでしょう。

なぜ、ＧｏｏｇｌｅはＹｏｕＴｕｂｅショートをこのように優遇しているのでしょうか。

その背景には、ライバルであるＴｉｋＴｏｋの台頭があります。ＴｉｋＴｏｋが利用者を急拡大してきており、これに対抗するためにショートを増やしていこうという考えがあるわけです。

ＹｏｕＴｕｂｅショートが優遇され、Ｇｏｏｇｌｅ検索・ＹｏｕＴｕｂｅ検索の結果に表示されやすくなっている現状を踏まえると、今がＹｏｕＴｕｂｅショートに取り組む大きなチャンスと言えるのです。

ショート動画と標準動画をどう使い分ける？

では従来の動画とYouTubeショート動画、これを中小企業がどのように使い分ければいいのでしょうか。

撮影時間・内容に応じて使い分ければいいでしょう。

YouTubeでは、縦長・60秒以内の動画であれば何秒でもショート動画として認識します。ということは、極端な話、3秒でも5秒でもいいわけです。数秒の超短尺動画を投稿したからといって、YouTubeからペナルティを受けるとか、Google検索結果の上位にランクされない、といったことはありません。

したがって、**たとえば「今日のひと言」「今日の現場の様子」などのテーマを設けて、毎日欠かさず超短尺動画を投稿するのもビジネスYouTubeでは有効です。**それだけでもSEO対策になり、検索結果の上位を獲得できる可能性はあります。

動画の内容によってはどうしても60秒を超えてしまうことはあるかもしれません。

たとえば住宅会社が建物の外周を一周して動画で見せようとした場合、60秒では収まりきらないこともあります。

そんな時は最初から、縦向きではなく横向きにして撮影して、標準動画として投稿すればいいのです。

つまり、撮影内容が明らかに1分を超えそうなら標準動画、1分以下ならショート動画と、場面に応じて使い分けるという考え方です。

ショート動画は超短編ですから、撮影・編集が簡単にできるので大量投稿に向いています。

ほんの数秒、十数秒の動画でも、それを縦向きで撮影して投稿することで、YouTubeはショート動画と認識してくれて、検索結果へ優遇して表示してくれます。

ロングテール理論におけるSEO対策としてショート動画を大量投稿する一方で、より詳しく説明したい動画や、見込み客へのラブレターである個別動画については横向きの動画を使う。そういった使い分けがポイントになります。

ただし、横長の標準動画で撮影する場合も、動画はできるだけ短くする方がいいでしょう。**短期決戦の時代、10分を超えるような長編動画を見てもらうことは困難だからです。**

◀ショート動画は説明文が見えない

標準動画とＹｏｕＴｕｂｅショート動画の大きく異なる部分に、動画の説明文の見え方があります。

パソコンで標準動画を開いた時には、説明文のうち最初の３行が表示されます。見る人が説明欄を認識しやすいため、ＵＲＬを載せておくことで自社サイトへの誘導が行えます。

一方、ショート動画を開いた時には説明文が表示されません。説明文を読もうと思ったら、２タップするという手間が必要になります。この手間はスマホアプリで見た場合もパソコンで見た場合も変わりません。

このように見えにくくなっているわけですから、「ショート動画を見ている人は説明文をほぼ読まない」と考えた方がいいでしょう。

したがって**ショート動画を投稿する際は、画面上に字幕を挿入し、そこに自社情報や自社サイトへ誘導する文言を掲載する必要があります。**

YouTubeショートは説明文が見えにくい

説明は見られないと考えるべき!

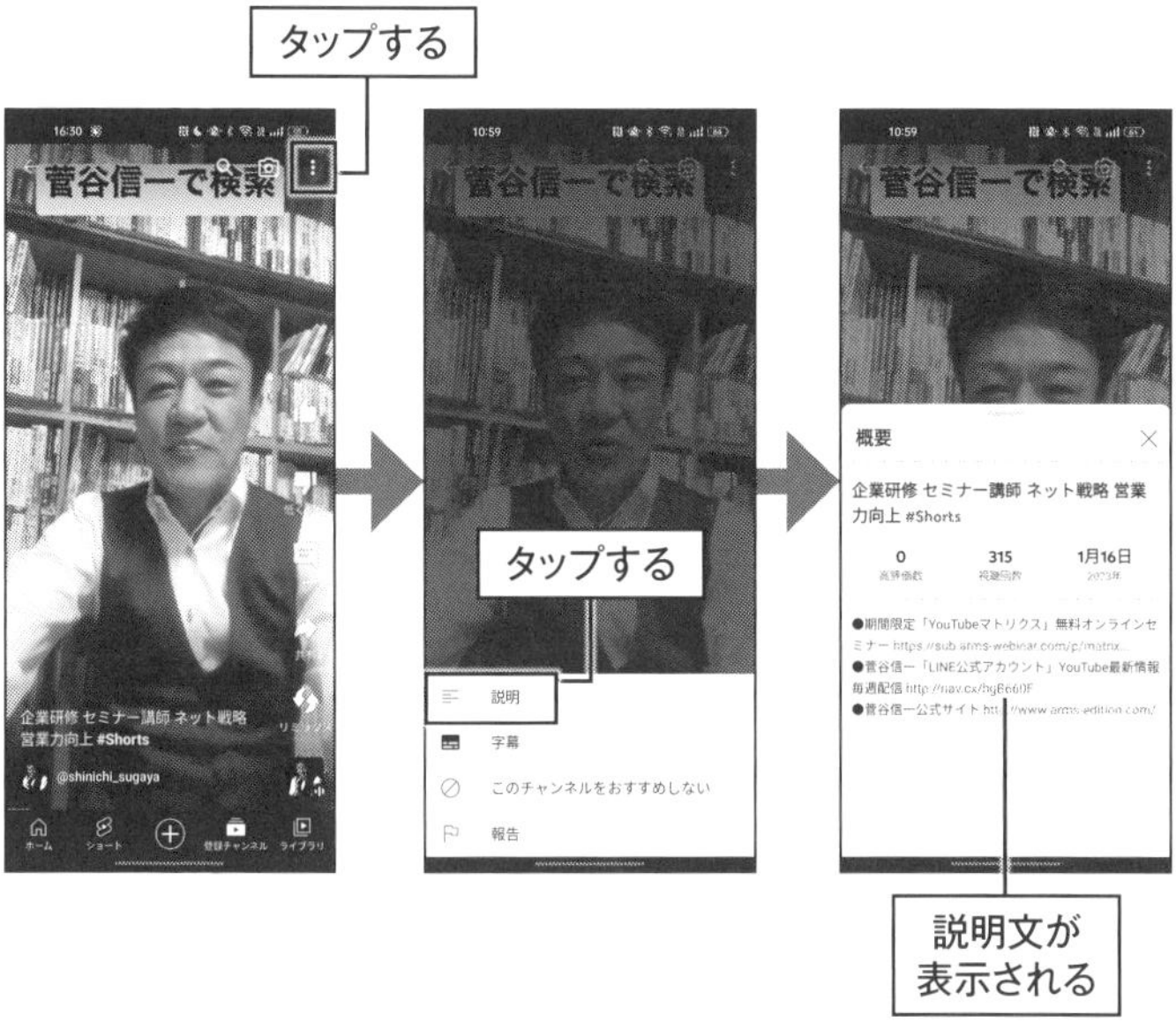

YouTubeショートの説明文(概要欄)を見るには、動画上部の「…」をタップし、さらに「説明」をタップしなければ表示されません。重要なことは動画の画面上の字幕で伝える必要があります。

GoogleがTikTokに対抗して「YouTubeショート」を開始した理由

最も多くダウンロードされているアプリ

現在、ゲーム以外のジャンルで、世界で最も多くダウンロードされているアプリは何か、ご存知でしょうか。それは**「TikTok」**です。

分析会社によれば、**2022年4月時点でTikTokのダウンロード数は約35億件に達したそうです。**

地球の人口約80億人と比べても驚異的なダウンロード数であることがわかります。

TikTokが最もダウンロードされている事実は、世界中の人々に縦長のショート動画が受け入れられている証拠といえます。

インターネット業界の覇者であるGoogle(YouTube)は、ショート動画の主導権をTikTokに握られてしまったわけです。

TikTokの圧倒的なダウンロード数!

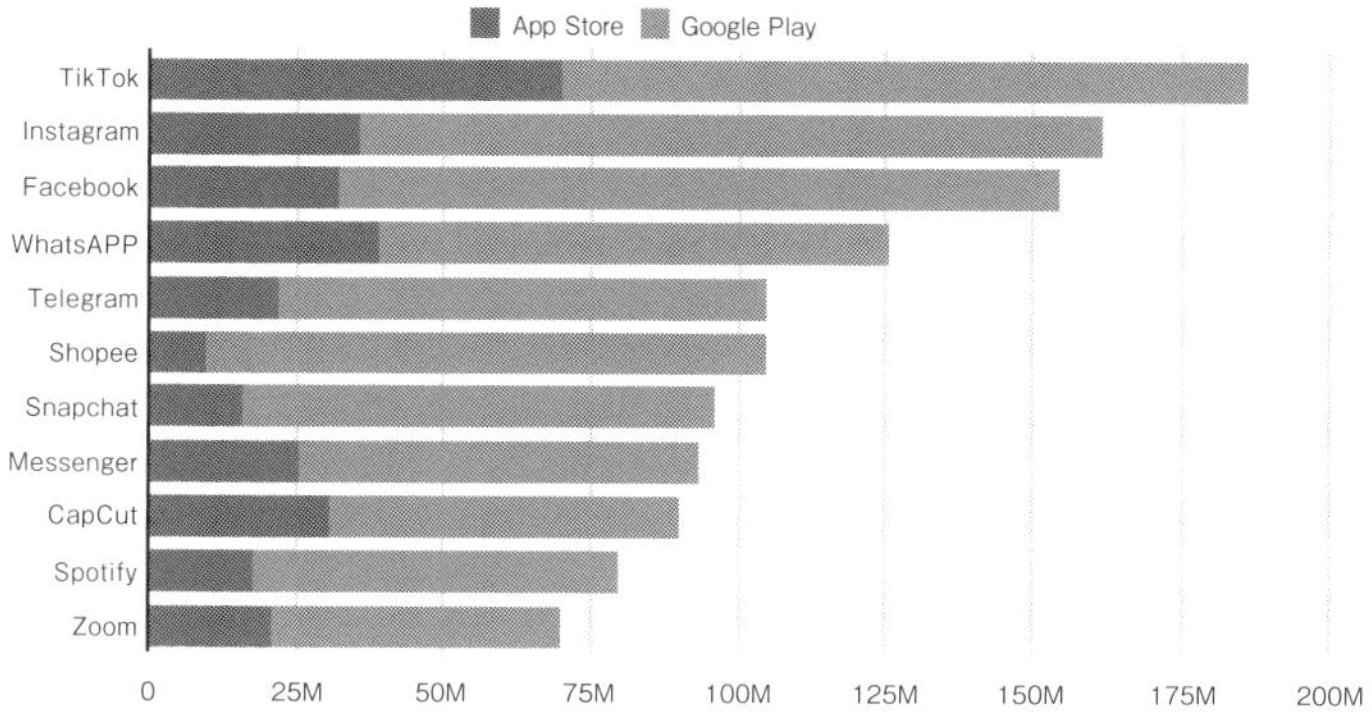

これは累計ではなく、2022年の第1四半期だけのデータですが、TikTokは1億7500万以上ダウンロードされているのがわかります。

※出典:Sensor Tower "Q1 2022:Store Intelligence Data Digest"

短尺動画で多くのユーザーを獲得しているＴｉｋＴｏｋは、ＹｏｕＴｕｂｅにとって目障りなサービスです。

そんなＴｉｋＴｏｋに対抗すべく、２０２１年７月、ＹｏｕＴｕｂｅが日本を含む世界１００カ国以上でリリースしたのがＹｏｕＴｕｂｅショートです。

ショート動画の魅力や優位性、ＴｉｋＴｏｋが受け入れられている理由などをＧｏｏｇｌｅが分析し、ＴｉｋＴｏｋに奪われたユーザーを取り戻すべく、競合サービスとしてＹｏｕＴｕｂｅショートをぶつけてきたと考えられます。

ショート動画の優位性は、時代の要請でもある「時短」ニーズにマッチしていることや、誰もが保有しているスマホで見るのに最適なこと、などが挙げられます。

「スマホファースト」という言葉がある通り、PCよりもスマホで情報を取得する方が多くなり、その傾向はこの5、6年間で急激に加速しています。消費者がテレビやパソコン画面を見る時間は減り、その代わり、スマホの画面を閲覧する時間が増えています。

この変化に気づいていち早く縦長・短尺動画のサービスを始めたのがTikTokであり、後塵を拝したGoogle・YouTube陣営は躍起になって巻き返しを図っているというわけです。

YouTubeはYouTubeショートのリリース時に、「2021年から2022年にかけて100億円超の資金を投入してYouTubeショート用のファンドを用意し、クリエイターを力強く応援していく」との発表もしました。

YouTubeが短期的な目線ではなく長期的な目線で、短尺動画市場のライバルであるTikTokに勝とうとしていることが感じられます。

なおこの縦長・短尺動画の市場には、インスタグラムやフェイスブックなども参戦し、さながら戦国時代の様相を呈しています。

これらの変化を目の前にして我々は、**「長尺動画しかなかった頃から目線を変え、短尺動画へと意識を向けて力を入れなければいけない、時代の大きな転換点に差し掛かっている」**という視点を持つ必要があるのです。

中小企業のビジネスにも「YouTubeショート」は相性抜群

YouTubeショートは中小企業にとって朗報

日本企業の96%は中小企業です。中小企業は大企業と違って、時間もお金も人材も限られています。限られたリソースのなかで戦っているため、情報発信も効率的に行わなければばならないという課題を抱えています。
そんな中小企業が動画マーケティングをする際、もし「1分以上の長い動画でなければＧｏｏｇｌｅ検索で表示されない」のであれば、それは大きな足かせとなります。長い動画を作るには時間も人材も必要だからです。

ＹｏｕＴｕｂｅショートの登場は、そんな中小企業にとって朗報でした。

ほんの数秒のショート動画でも、従来の横向きＹｏｕＴｕｂｅ動画、あるいはブログの記事、ホームページ、その他ＳＮＳなどによる情報発信を遥かにしのぐ、検索優位性があるからです。この優位性により、ロングテールを前提としたＳＥＯ対策を、リソースの限られた中小企業でも実践できてしまいます。

「ほんの数秒の動画でいい」ところがポイントです。忙しい中小企業の経営者あるいは営業担当者が10秒間のトークをして、それを撮影し、編集・設定をして投稿するだけでいい。通常は10分程度で、慣れれば1分で、1本の投稿作業が完了します。

1本1分なら、10本投稿するのに10分。言い換えれば、たった10分で、10種類のキーワードの組み合わせで検索1位を獲得できるということです。

これはインターネットの25年の歴史上あり得なかったことです。

10年前のSEO対策では、「400文字以上のしっかりとした記事を書き、適切な投稿時の設定をするとGoogleの1位が取れる」とよく言われました。

これは今でも通用するノウハウですが、忙しい中小企業にとって現実的な対策とはいえませんでした。400文字の原稿を書くのは大変ですし、書けるとしても時間がかかります。外注して書いてもらえばコストがかかる。いずれにしても難しかったわけです。

ところが、YouTubeショートの登場により、「時間」「コスト」「技術」のハードルが一気に下がりました。

忙しい中小企業経営者でも、すきま時間に数秒の動画を収録して、編集して、それでGoogle検索の1位を取れるようになったのです。Google検索で1位を取るための時間効率で、YouTubeショートに勝るものは現時点で世の中に存在しません。

我々中小企業経営者にとって、短時間で効果が出るYouTubeショートは、非常に取り組みやすい動画マーケティングの手法です。

そして、YouTubeやGoogleは現在、この新しいサービスの普及啓蒙に力を入れています。

Google検索の結果やYouTube検索の結果の上位に、ショート動画が優先的に表示される傾向があるのがその証拠です。検索結果に表示される機会が多いことで、YouTubeショートは標準動画よりも再生回数が増えやすくなっています。

この**YouTubeショート優遇の傾向はまだしばらく続くと私は読んでいます。**

中小企業はこれを大きなチャンスと考えて、ショート動画を存分に使い倒すべきなのです。

ショート動画には娯楽性の高い動画が多い？

なお、ショート動画に対して「趣味・娯楽性の高い動画の様式であり、ビジネスには使いづらい」という認識を持つ経営者も多いかと思います。

確かに現状YouTubeショートに投稿されている動画のほとんどは、ユーチューバーが制作するような娯楽性の高い動画です。かといってYouTubeショートがビジネスに使えないわけではありません。

その証拠に、熊本県の輪島漆器仏壇店は、YouTubeショートにいち早く取り組み、投稿した初日に、3年間売れずの不良在庫が売れ、また230万円の仏壇を買ってくれる見込み客を得ることに成功しました。たった15秒の動画を投稿しただけで、230万円の成果を出したのです。

このように、**YouTubeショートの優位性に気づいた経営者だけが積極的に取り組み、先行者利益を獲得していることは事実です。**

「YouTubeショートなんて……」と色眼鏡で見ていると、大きなビジネスチャンスを逃してしまいます。

本書を手に取っていただいたあなたは、YouTubeショートに対して正しい認識を持つことになります。その認識をすぐに実践に移してください。

いち早く取り組めば先行者利益を得られる

インターネットの世界に25年いて実感するのは、その地域や業界の中でいち早く始めた人が得る先行者利益はとても大きいということです。

地域密着型のビジネスほどその傾向は顕著になります。

私は年間140回以上にわたり全国各地で講演していますが、講演する場所は都市部よりもむしろ地方が中心です。というのも、私のお伝えするＹｏｕＴｕｂｅ戦略は地方のほうが成果を出しやすいからです。

その理由の一つには、地方に行くほど企業間の情報格差が大きいことが挙げられます。**インターネットが発達し、どこにいても同じ情報を得られる世の中になってはいますが、それでも情報格差は存在しています。**大都市圏と比べると、同業他社のライバルが少ないのが地方の特徴です。そのため、地方では情報を持っている一部の企業やお店だけが一人勝ちしているケースが多いのです。

ＹｏｕＴｕｂｅショートについてもこの状況が当てはまります。つまり、実践している一部の企業・お店だけがその絶大な効果の恩恵をあずかっています。

したがって、**自社が営業している商圏でいち早くＹｏｕＴｕｂｅショートを実践すれば、速やかに成果が出て先行者利益を得ることが可能になります。私が主に地方での講演に力を入れている理由もそこにあります。地方の方が成果を出しやすいからです。**

地方企業の皆さんはぜひ、目の前に転がっている大きなチャンスをものにしてください。

では東京や大阪など大都市圏ではどうでしょうか。

地方では厳しくないライバルとの競争も、大都市圏では厳しくなります。日常的に競争にさらされているだけに、各社がライバルとの争いに勝つために積極的に情報を仕入れようとしますから、情報リテラシーも高くなります。

競争相手が多い中で頭一つ抜きんでることは難しいように思えます。

とはいえ大都市圏であっても、特定の分野に専門特化したビジネスをしている方や、絞り込んだターゲットに対してビジネスを行っている方は、ＹｏｕＴｕｂｅショート戦略で結果を出せます。

分野・商圏・ターゲットを細分化して見ていけば、その細分化された範囲内でＹｏｕＴｕｂｅショートに取り組んでいる人が皆無ということもよくあるからです。

そのため**地域密着型のビジネスや、専門特化したビジネス、小さな市場に対して商品・サービスを提供するニッチなビジネスを行っている企業は、ＹｏｕＴｕｂｅショートを始めることで市場を独占することも可能です。**

これは逆に言えば、得意分野の絞り込みが大事ということです。たとえば自動車販売会社なら、「貨物用軽自動車の専門」といったかたちで自社の得意分野を尖らせて、それをＹ ouTubeショートでアピールすればいいのです。

ニッチで絞り込んだキーワードで勝負すれば、Google検索の上位を獲得できる可能性が高まります。仮に**事業の実態が「幅広く何でも」であっても、キーワードは徹底的に絞り込むことが大切です。**

さらにいえば、ライバルが飽和状態にあるようなレッドオーシャンの業界であっても、YouTubeショートで結果を出すことは可能です。

第3章で紹介する愛知県名古屋市の美容室「analognoi（アナログノイ）」がそのいい例です。美容室は競争の激しい業界ですし、名古屋という商圏も激戦区です。それでもanalognoiは結果を出しています。

このように、**中小企業のビジネスとYouTubeショートの相性は抜群にいいのです。**

瞬時にGoogle検索上位に表示される即効性を見よ！

投稿して2分後に1位も！

私はYouTubeショート戦略の1日企業研修をたびたび主催します。その研修のなかでは、参加者にショート動画を撮影・投稿してもらっています。

私が教えた通りの設定で参加者が投稿すると、10分から1時間程度で、Google検索結果の1位にそのショート動画が表示されることはよくあります。最短では投稿2分後に検索1位を獲得した例もあります。

私の運営するYouTubeの実践コミュニティ『YouTubeマトリックス』では150人以上の会員が集まり切磋琢磨していますが、そこでもYouTubeショートを投稿して1時間以内で検索1位を取るケースは非常に多いです。

なぜ、このようにスピーディーに成果が上がるのでしょうか。そこにはGoogleの思惑があるからです。

Googleはネット上を巡回して、新しい情報を発見します。この巡回作業のことを「クロール」と言います。

クロールした情報は、すぐに検索結果に反映されるわけではありません。Googleの内のデータベースに登録されて初めて検索結果に表示されることになります。情報が検索エンジンのデータベースに登録されることを「インデックス」と呼びます。

ホームページ、ブログ、SNSなどインターネット上にさまざまな情報があるなかで、Googleがどの情報をどのような順番でインデックスするかは明らかにされていません。

ただ、**YouTubeに投稿された動画は、他の情報よりも優先的にインデックス登録される傾向があります。YouTubeはGoogleの子会社ですから、YouTubeの情報を広めていきたいという意図があるからです。**

そんなYouTubeの標準動画よりも速いスピードで、Google検索に表示されるのがYouTubeショート動画です。

Googleが公表しているわけではなく、あくまでも私の実験・分析の結果ではありますが、YouTube標準動画よりもYouTubeショート動画の方が、優先的にインデックス登録される傾向があることには間違いありません。

そうでなければ、「投稿して2分後にGoogle検索1位」なんてことはあり得ないからです。

たとえばホームページを作った時に、指定のキーワードでGoogle検索1位に表示させることはかなり難しく、期間も3ヵ月以上かかると言われています。

以前はもっと短期間に1位にすることもできましたが、情報量の増加に伴って多くの時間がかかるようになってきました。

そう考えると、「投稿2分後に1位」は、いかに驚異的なスピードかということです。

即効性がもたらすもの

このYouTubeショートの即効性が威力を発揮するのは、短期決戦が求められるシーンです。

- **今日の午後のイベントに集客をしたい。**
- **今告知をしてすぐの来店を獲得したい。**
- **今日でなければ売れない商品を売り切りたい。**
- **これをなるべく早く販売したい。**

たとえば、「クリスマスケーキを今日中になんとかして売り切りたい」といった事情がある時に、特定のキーワードで速やかにＧｏｏｇｌｅ検索1位を獲得することで、ケーキを買おうとしている消費者の目に留めてもらうことができます。

また住宅販売会社などでも、「今日の住宅見学会に集客しなければ」といった時にＹｏｕＴｕｂｅショートを使えます。特定の地域で、「平屋造り二世帯住宅」などの尖った商品を販売している場合、キーワードをうまく設定してショート動画を投稿することで、速やかに検索1位を獲得でき、見込み客にリーチできます。

このような「今日売りたい」「今日集客したい」というニーズに対応できる他の手段としてはＧｏｏｇｌｅ広告やチラシがありますが、当然ながらコストがかかります。

しかも、広告を出稿する前にはアカウントを作ったり、コピーを考えたり、さまざまな設定をしたりする必要がありますから、今日いきなり始めようと思ってもなかなか難しかったわけです。チラシは準備にもっと時間がかかりますし、しかも配るのに人手が必要です。受け取ってもらえる枚数も多くはありません。

それが**ＹｏｕＴｕｂｅショートを使えば、いとも簡単に即効性のある情報発信が、無料でできるようなったのです。**

これは革命的な出来事といえるでしょう。

Google検索結果の画面を専有することも

即効性だけでなく再現性も確かです。正しく設定すればかなりの確率で検索上位を獲得できます。

大量にYouTubeショート動画を投稿したところ、Google検索の1位から10位までを独占することもあります。

東京八王子市のタイヤ店「有限会社平ゴム工業所」の鈴木嘉男さんも積極的にYouTubeショートに取り組んでいる経営者の1人です。

たとえばGoogleで「八王子市　ホイールバランス　静かなタイヤ」と検索してみると、上位4件を鈴木さんが投稿した動画・ショート動画が独占していることがわかります。5位以下にも平ゴム工業所のホームページやブログが来ています。

Googleの検索結果画面を自社の情報で専有しているわけです。

YouTubeショートで画面を専有（平ゴム工業所の例）

ショート動画なら検索上位を狙いやすい！

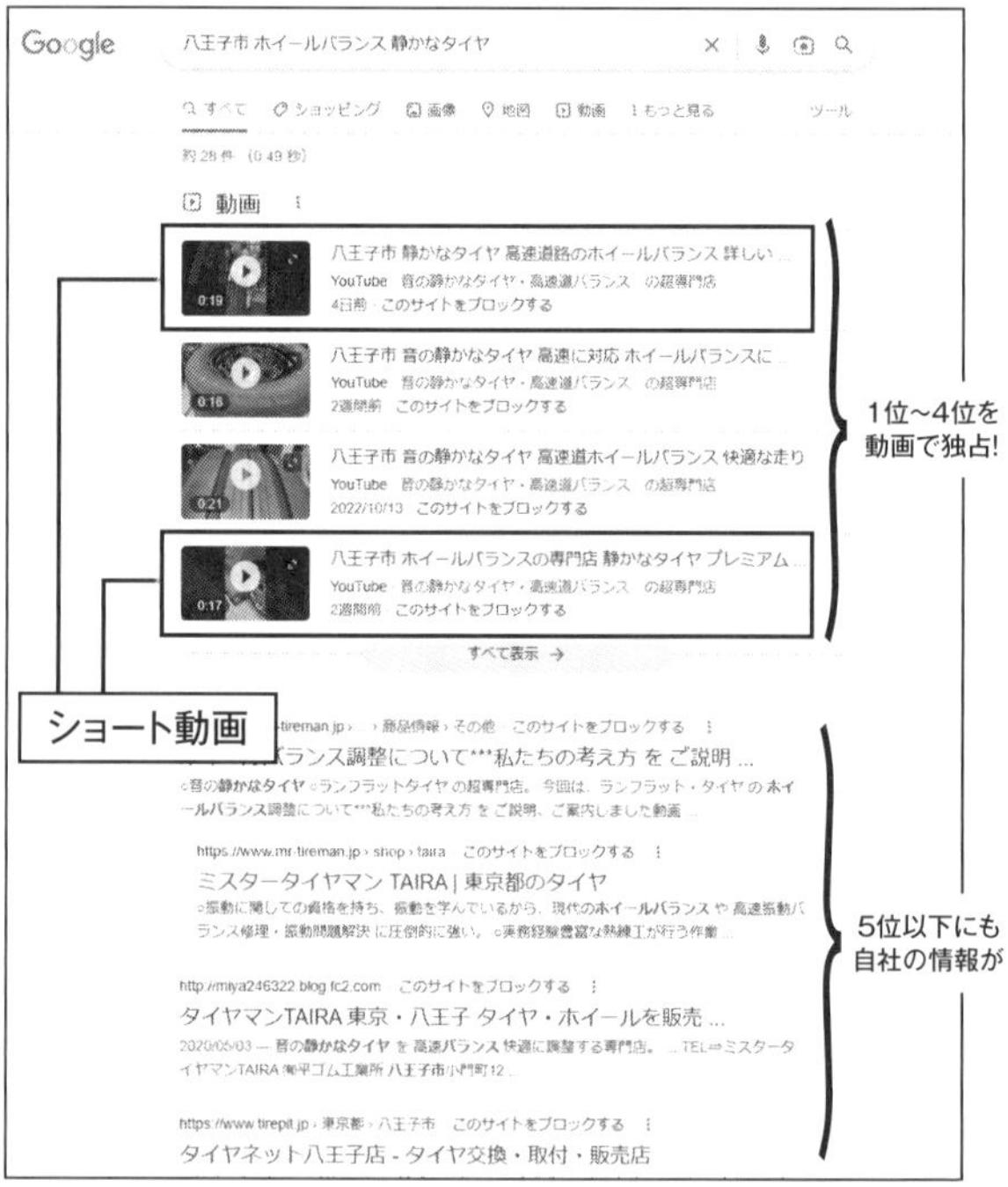

キーワードを吟味し、継続的にショート動画を投稿すれば、現在Googleがショート動画を優遇してくれていることもあり、検索上位を狙えます。

もう一つ例を挙げましょう。第3章でも紹介する長野県上田市の「有限会社誉工業所」（坂戸昭之社長）は、金型の設計製作を行っている会社です。「グラビティ鋳造」という成型方法に使われる金型の製作を得意としています。

「グラビティ鋳造　一貫サービス」という二つの単語で検索すると、検索結果の1位から4位を独占。さらに7位や9位などにも関連するページが表示されます。つまりGoogle検索の1ページ目において高い占有率を示しています（本書執筆時）。

これだけ専有していれば、ユーザーはどれかをクリックするしかありません。そのようにしてウェブサイトへ誘導することが、資料請求・商品購入といった成果につながるわけです。

そして重要なポイントは、効果が長続きするという点です。1位に表示されるか2位以下に表示されるか、あるいは何番目までを独占するかは、その時々の状況によって変わるはずです。しかし誉工業所では、このような占有率の高い状態を長期にわたって継続できています。

このように、**お金と手間を掛けずに即効性・持続性の高い状態で効果を出せる手法は、YouTubeショートを除いて他にありません。**さまざまな観点でYouTubeショートは非常に優れた力を持っているということです。

YouTube/YouTubeショートで画面を専有（誉工業所の例）

継続投稿で確実に検索上位は狙える

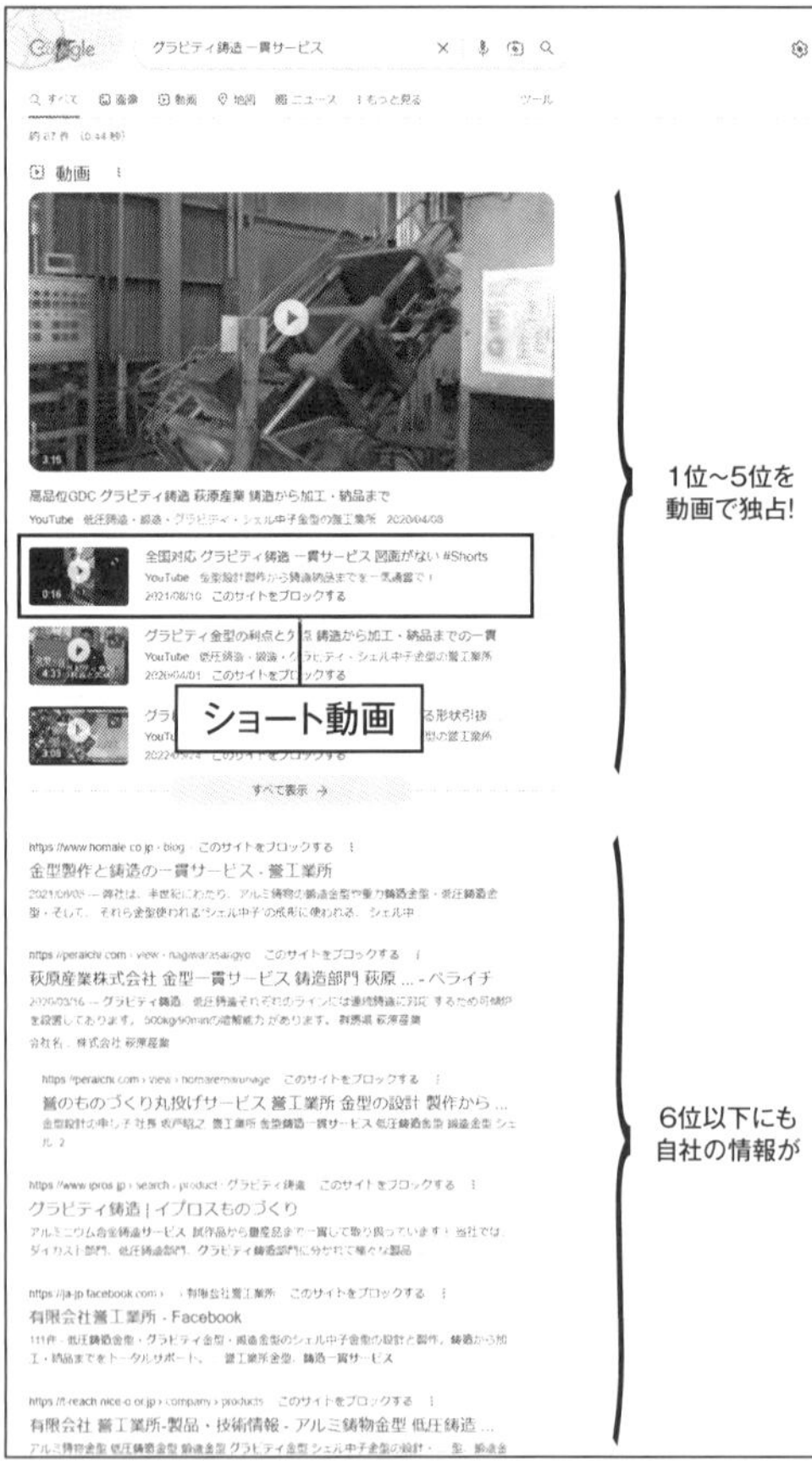

キーワードを「グラビティ鋳造」のみにした場合でも、検索トップには出ないものの、「動画」部分は誉工業所が独占した状態で表示されます。

二章

CHAPTER 02

YouTubeショートとTikTokの性質の違いを理解しよう

YouTube Short Movie Business Revolution!!!!

Google検索に強いYouTubeショートとクローズドのTikTok

大きな違いがある二つの短尺動画サービス

ウェブマーケティング、動画マーケティングの短期決戦化が進むなか、存在感を増しているTikTok。一方、ショート動画で巻き返しを図ろうとしているYouTube。我々中小企業は、これらをどのように活用（使い分け）すればいいのでしょうか。TikTokとYouTubeショートの特徴・違いを把握して、中小企業のビジネスに活かす方法を考察します。

左の図は、TikTokの特徴とYouTubeショートとの違いを示したものです。

まずYouTubeショートは、言うまでもなくGoogleのサービスです。そのため、YouTubeショート動画を投稿すると、Google検索の結果に優先的に反映

TikTokの特徴とYouTubeショートとの違い

TikTok	YouTubeショート
●非Googleのコミュニティ	●Google 検索への反映
●TikTokから外部への導線重視	●自社メディアへの導線重視
●少数のバズ動画による爆発力	●ロングテール向き（大量キーワードへの検索対策）
●動画の企画力重視（ハッシュタグ重視）	●投稿時の設定重視

されます。

また、Googleの検索結果から流入する以外に、YouTubeの検索結果から、あるいはYouTubeの「おすすめ」から流入する経路もあります。

多数の流入ルートがある点がYouTubeショートの特徴です。

一方、TikTokは、中国のバイトダンスという会社が運営しているサービスです。**非GoogleのコミュニティなのでTikTokの動画がGoogle検索の結果に優先的に反映されることはありません。**

TikTok動画への主な流入経路は、「TikTokでの検索（キーワード検索やハッシュタグ検索）から」か、「ＴｉｋＴｏｋのおすすめから」のどちらかです。**つまりＴｉｋＴｏｋは、アプリのなかで完結しているコミュニティなのです。**

そしてＴｉｋＴｏｋの「おすすめ」には、再生回数がある程度多い動画が表示されるようになっています。再生回数が多い動画がユーザーの「おすすめ」に表示され、さらに再生回数を伸ばすという構図です。

そのためＴｉｋＴｏｋに動画を投稿する際は、再生回数を稼ぐことが非常に重要なのです。

◀ＹｏｕＴｕｂｅとＴｉｋＴｏｋでは戦略も異なる

ＹｏｕＴｕｂｅを使うにしても、ＴｉｋＴｏｋを使うにしても、我々中小企業の動画マーケティングの狙いは、動画を見てもらうことをきっかけに、ユーザーを自社メディアに誘導することです。

たとえば保険代理店なら、動画から自社メディア（ホームページやランディングページ）を訪問してもらい、問い合わせ・資料請求をしてもらうこと。そして最終的に保険を契約してもらうことをゴールとします。

そのためYouTubeショートでもTikTokでも、動画に自社メディアへの導線を設定し、効率的に誘導することが重要です。

YouTubeショートがロングテール向き（大量投稿をすることで大量キーワードへの検索対策になる）という話はすでにしましたが、一方のTikTokはどうでしょうか。TikTokはGoogle検索に表示されることが少ないため、SEO対策としてはあまり役に立ちません。したがってロングテール戦略には不向きです。

ではどうするかというと、数は少なくてもいいので、1本1本をしっかりと作り込むことでバズらせて、その爆発的な波及効果を利用して自社メディアへの流入を狙います。そのために動画の企画力が重要になります。また、ハッシュタグなどのキーワードの使い方も工夫する必要があります。

つまり、大量投稿を前提としたYouTubeショートと、バズることを前提とした企画力重視のTikTok、二つのサービスはその特徴も目的もビジネス活用における戦略もまったく方向性が異なるということです。

TikTokを有効活用している事例

TikTokを有効活用している会社に、材木の販売や住宅建設を行っている三浦製材株式会社（京都府亀岡市）があります。施工事例や材木加工の様子などを短尺動画にして、TikTokに精力的に投稿しています。

画面内に「三浦製材→検索」というように検索用導線をテロップで表示しているところがポイントです。この導線は自社メディアへの誘導を図るために重要です。

また「京都の木で建てる完全ムクの家」「家族が仲良く暮らす家」などの検索キーワードも画面内に入れています。

さらに説明欄には、動画の解説や問い合わせ先などを記載。検索対策として「#京都で家を建てる」「#亀岡で家を建てる」「#京都の木」「#リノベーション」「#リフォーム」といった大量のハッシュタグを付けて投稿しています。

コメントも活用できます。自分でコメントを書き、そのコメントを最上部にピン留め（固定）するという方法です。コメントの中身は、自社メディアやYouTubeショート動画へ誘導するひと言とURLでいいでしょう。

TikTok活用事例

三浦製材株式会社

所在地：京都府亀岡市
業務内容：木材販売、住宅建設

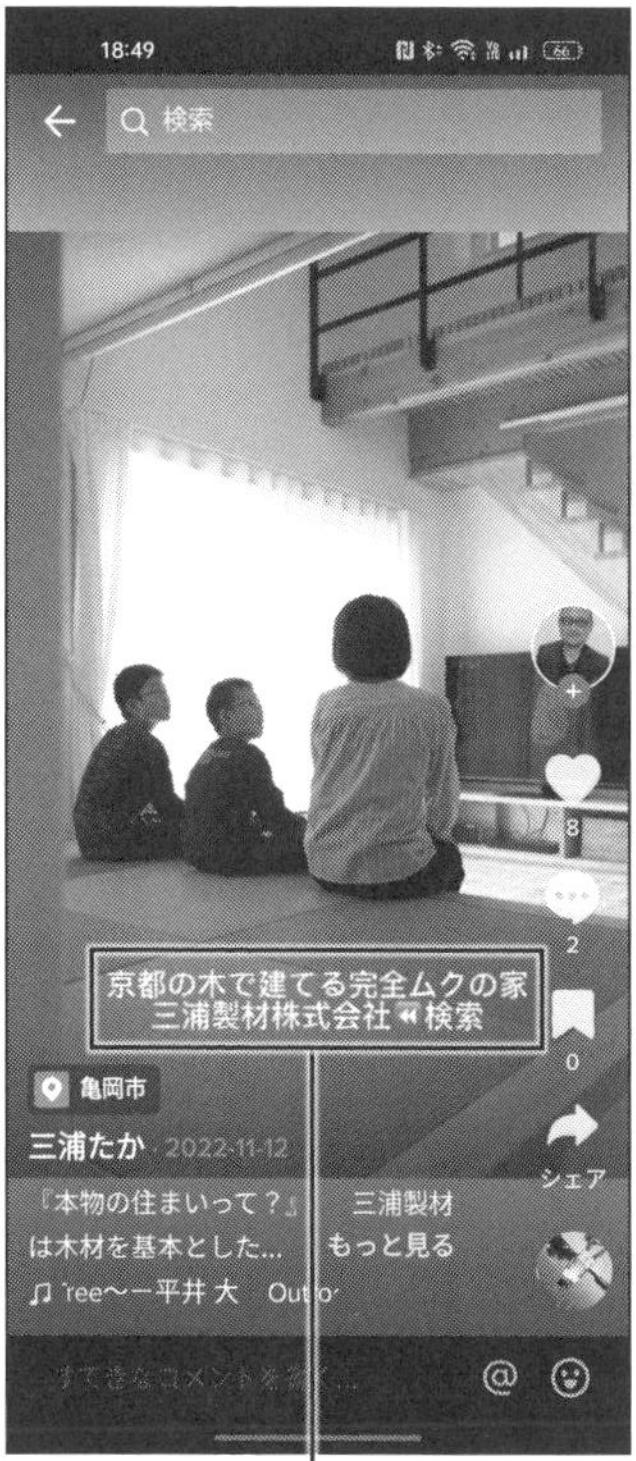

検索キーワードを動画のなかに盛り込む

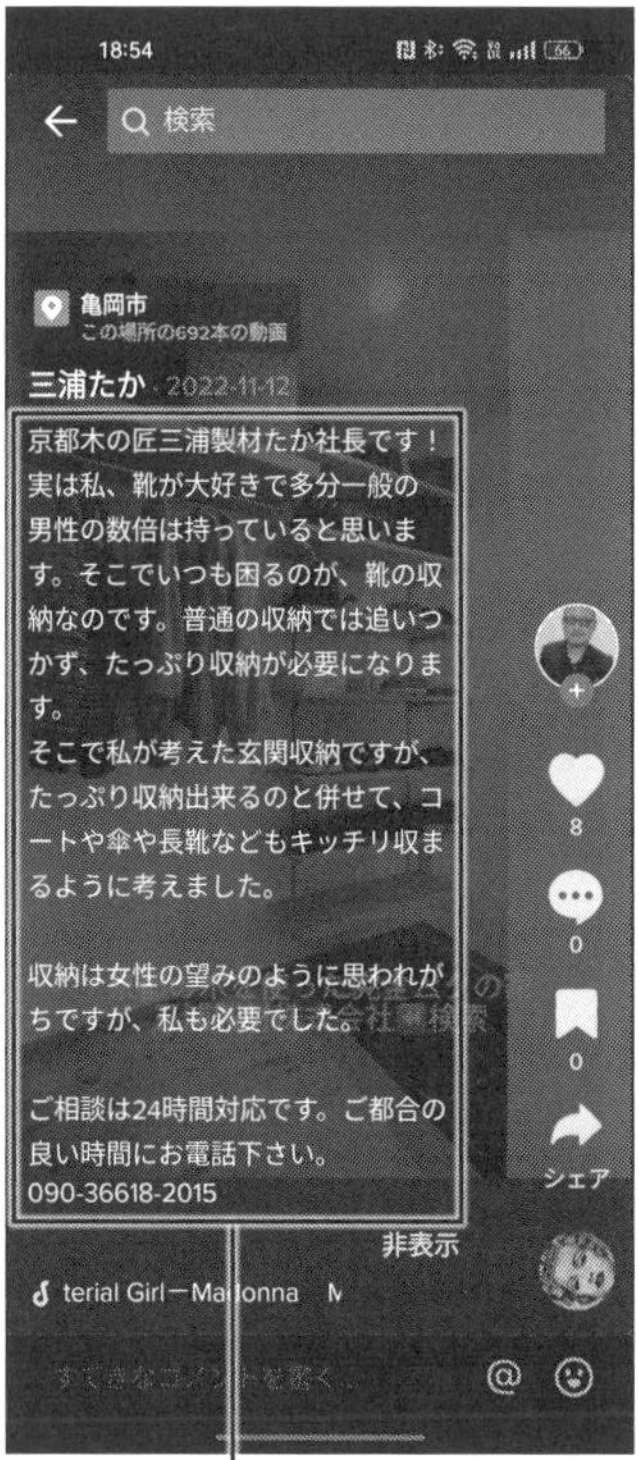

説明欄も重要

若年層に強いTikTok。視聴者層を選ばないYouTubeショート。

データから見るSNSの利用率

そもそもTikTokはどのようなユーザーが利用しているのでしょうか。

左の図は、総務省が発表した『令和3年度情報通信メディアの利用時間と情報行動』から抜粋した、主なソーシャルメディア系サービス／アプリ等の利用率（全年代・年代別）です。

全年代で最も利用率が高いのはLINEで、利用率は全体で92・5％を示しています。**動画共有系ではYouTubeの利用率が高く、50代、60代を除き90％を超えています。**60代でも60％近い人が使っていますから、YouTubeは全年代に普及しているといっても過言ではないでしょう。

一方、TikTokはどうでしょうか。**10代57・7％、20代28・6％と若者の多くが利**

TikTok活用事例

【令和3年度】主なソーシャルメディア系サービス／アプリ等の利用率（全年代・年代別）

	全年代(N=1500)	10代(N=141)	20代(N=215)	30代(N=247)	40代(N=324)	50代(N=297)	60代(N=276)	男性(N=759)	女性(N=741)
LINE	92.5%	92.2%	98.1%	96.0%	96.6%	90.2%	82.6%	89.7%	95.3%
Twitter	46.2%	67.4%	78.6%	57.9%	44.8%	34.3%	14.1%	46.5%	45.9%
Facebook	32.6%	13.5%	35.3%	45.7%	41.4%	31.0%	19.9%	34.1%	31.0%
Instagram	48.5%	72.3%	78.6%	57.1%	50.3%	38.7%	13.4%	42.3%	54.8%
mixi	2.1%	1.4%	3.3%	3.6%	1.9%	2.4%	0.4%	3.0%	1.2%
GREE	0.8%	0.7%	1.9%	1.6%	0.6%	0.3%	0.0%	1.3%	0.3%
Mobage	2.7%	4.3%	5.1%	2.8%	3.7%	0.7%	0.7%	3.4%	1.9%
Snapchat	2.2%	4.3%	5.1%	1.6%	1.9%	1.7%	0.4%	1.3%	3.1%
TikTok	25.1%	62.4%	46.5%	23.5%	18.8%	15.2%	8.7%	22.3%	27.9%
YouTube	87.9%	97.2%	97.7%	95.8%	93.2%	82.5%	67.0%	87.9%	87.9%
ニコニコ動画	15.3%	19.1%	28.8%	19.0%	12.7%	10.4%	7.6%	18.1%	12.4%

用していますが、年代が上がるにつれ利用率は下がっています。

「若年層に強いTikTok、視聴者層を選ばないYouTube」ということが言えそうです。

TikTokの利用者は増えているとはいえ、利用年代に偏りがあります。中小企業が動画マーケティングの手段として選ぶ場合には、自社のターゲット層とTikTokの利用者層がマッチしているのかどうかを確認したうえで選ぶべきでしょう。

TikTokはビジネスに結びつかない？

では、TikTokはビジネスに使えないのかというと、そんなことはありません。TikTokの強み、YouTubeショートとの違いを理解したうえで、TikTokが効果を発揮する場面では積極的に活用するとよいでしょう。

ＹｏｕＴｕｂｅショートの一番の持ち味は、Ｇｏｏｇｌｅの子会社のサービスであるために、Ｇｏｏｇｌｅ検索の結果に優先的に表示される点です。

また、ＹｏｕＴｕｂｅはＧｏｏｇｌｅに次ぐ世界2位の検索エンジンと言われていますが、そのＹｏｕＴｕｂｅ検索の結果においてもＹｏｕＴｕｂｅショート動画は優先的に表示されます。

「何かを調べたい」「解決したい課題がある」といった、検索意図が明確なネットユーザーを獲得するにはＹｏｕＴｕｂｅショートが向いているということです。

たとえば、「熊本市　国産仏壇　リフォーム」と検索してみると、有限会社輪島漆器仏壇店の動画がＧｏｏｇｌｅ検索の上位4位までを占めています。ちなみに5番目のホームページも、6番目のブログも、輪島漆器仏壇店のものです。

このように、「検索意図の明確なユーザー」の目に留まるように、Ｇｏｏｇｌｅ検索結果を占領できるのがＹｏｕＴｕｂｅショートやＹｏｕＴｕｂｅです。

そして、ピンポイントなキーワードで検索上位を取っているので、中国製仏壇や格安仏壇が欲しいユーザーなど、自社の商品とマッチしないニーズを持つユーザーの目には留まりません。ユーザーとの精度の高いマッチングが期待できるのも、YouTubeショートの強みといえるでしょう。

一方、TikTokの動画は、Google検索の結果に表示されづらいといえます。また表示されることはありますが、YouTubeショートの方が優先されます。

したがって動画マーケティングの手段としてTikTokを使う場合は、TikTok内で閉じた世界に向けた情報発信になってしまいます。

また、TikTokは暇つぶし的な見方をしている方が潜在的に多いといえます。そのため、商品を売りづらく、ビジネスで活用する場合には結果が得られにくい傾向にあります。これはTikTokの一番の弱点です。

しかしながら、TikTokにもメリットはあります。ひとつはやはり35億ダウンロードの実績が示す通り、ユーザー数が非常に多いということです。

巨大な市場において、ユーザーが魅力と感じるような動画を投稿すれば、爆発的な拡散力・再生回数を期待できます。YouTubeショートも拡散力はありますが、TikTokには敵いません。

◀TikTokはバズらせないと意味がない

裏返せば、ビジネスでTikTokをやるなら、バズらせなければ意味はないということです。

バズる動画を作るにはいくつかのパターンがありますが、いずれにしても企画力が問われます。カット割りやテロップなど編集にも凝る必要があります。ですから数多くの動画を投稿できませんし、する必要もありません。**とにかくバズる動画を、月に1本でも投稿することが活用のポイントです。**

一方、YouTubeショート動画は、投稿時の各種設定が重要であり、企画力や編集力はほぼ関係ありません。ショート動画を大量に撮って継続的に投稿し、検索結果に上位表示されることが、結果を出すためのポイントです。

TikTokとYouTubeショートは、一見似ているようで、まるで別物だということです。時間もお金も人も少ない中小企業にとって、取り組みやすく、再現性が高いのはYouTubeショートといえるでしょう。

TikTok動画における「バズる」企画とは？

どのような企画が「バズる」のか？

YouTubeショート戦略では再生回数を意識する必要はありませんが、TikTokは逆です。再生回数を稼ぐことが重要ですから、バズる動画を企画することが重要になってきます。

エンターテイメント系の動画では、たとえば女性が出てきてダンスをしているような動画がTikTokでは人気です。

では中小企業も同じように女性がダンスする動画を撮ればいいのかというと、それは違います。それで再生回数を稼げたとしても、動画内容が自社のビジネスと合っていなければ、見込み客リストの獲得や「売上を上げる」という目的には結びつかないからです。

では中小企業が取り組んで、「バズる」と同時に、売上にもつながるTikTok動画の企画とはどのようなものでしょうか。代表的な企画パターンには3つあります。

①ビフォーアフターの変身事例
②象徴的なインパクトのある事例紹介
③情報提供・数値データの解説

3つの企画パターンに当てはまる事例

それぞれの企画パターンについて具体的な事例を見ていきましょう。

①ビフォーアフターの変身事例

①に当てはまるＴｉｋＴｏｋ動画を投稿しているのは、中古戸建てのリフォーム会社であるチエノマ株式会社（大阪府大阪市）です。

お世辞にもきれいとはいえない中古物件が、フルリノベーションによっておしゃれで素敵な住宅に変わった様子を、動画や画像を使いながら効果的に表現しています。細かいカット割りによるテンポの良い構成で、動画の長さは約30秒。50万回以上再生されている動画もあります。

動画を見た人は「こんなリノベーションをやっている会社はどこなんだろう」「リフォーム代はいくらぐらいかかるのかな？」と、ホームページも覗きたくなってしまいますよね。

動画の爆発的な拡散力が集客につながるわけです。

②象徴的なインパクトのある事例紹介

この企画パターンの動画を投稿しているのは、野球用品販売店、ヤマモトスポーツ（愛知県豊橋市）です。

同社の動画では「グラブの湯もみ型付け」と題して、新品の野球グラブを山本泰弘社長みずからが、より柔らかく使いやすくするためにお湯に漬けて独自のもみ方で型を付けていく場面の動画を投稿しています。

約1分の短編動画をＴｉｋＴｏｋとＹｏｕＴｕｂｅの両方に投稿していますが、3万人以上のＴｉｋＴｏｋフォロワーが山本氏のインパクトのある湯もみの技術に触れています。

同店には、これらの動画に反応した多くの少年プレーヤーが北海道など遠方から来店するということです。**自社のビジネスに関わる象徴的でインパクトのある事例を映像・写真で**

表現できる場合には、このような動画を作ることで爆発的な拡散力を期待できます。

③情報提供・数値データの解説

③は、自社の属する業界や自社の業務に関して、一般の人がなかなか知り得ない、価値ある情報・数値データを提供するという企画です。

このパターンの動画を多く投稿しているのは、手相占い師の金澤月子さん（埼玉県蕨市）です。**「お金持ちになれる野心家の手相」「幸せな結婚を維持できる手相」などのテーマを設け、今後の運勢に関心がある方に多彩なテーマで手相のワンポイントお役立ち情報を提供しています。**

また、「今月の運勢」などタイムリーな企画での動画配信にも積極的に取り組んでおり、有料級の占いのコンテンツを継続的に配信し、徹底した情報提供に努めています。

ＴｉｋＴｏｋ動画の活用を考える際には、ここに紹介した3つの企画パターンを参考にするとよいでしょう。

TikTok活用事例
ビフォーアフターの変身事例……①

チエノマ株式会社

所在地：大阪府大阪市
業務内容：戸建てリフォーム

ビフォー

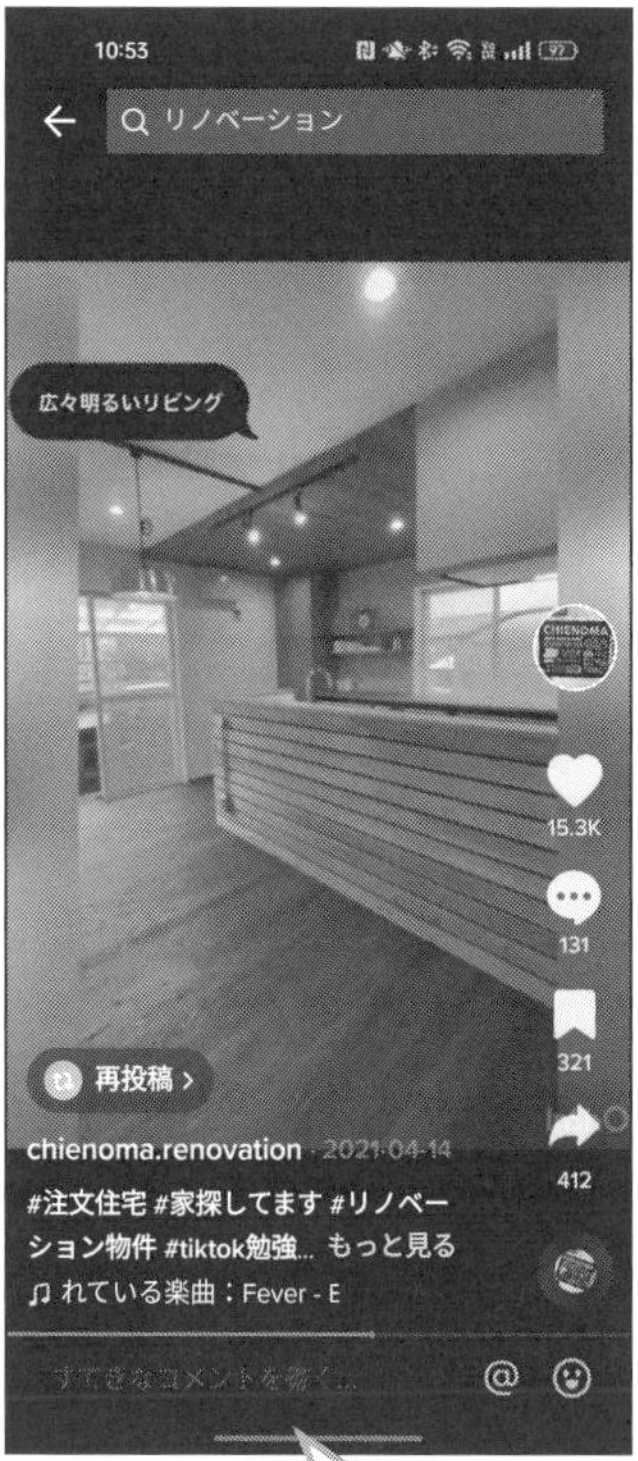

アフター

菅谷信一のＴｉｋＴｏｋ活用

私もＴｉｋＴｏｋに動画をいくつか投稿しています。その際、先ほど解説した企画パターンの「①ビフォーアフター変身事例」に当てはめています。

動画の素材としては、輪島漆器仏壇店の永田幸喜社長に登場いただいたインタビュー動画を活用しています。永田社長は倒産寸前の苦境に立たされていた状況から、ＹｏｕＴｕｂｅ動画を活用して地域一番店へと大逆転を果たした経営者です。

その逆転劇を動画で表現しました。**インタビューをじっくりと聞いてもらうことはＴｉｋＴｏｋでは難しいので、インタビュー映像をバックにおおまかなストーリーや発言をテロップで配置して、「読んで理解してもらう」動画になっています。**

エンディングには「この続きはコメント欄へ」というテロップを表示して、コメント欄に誘導しています。そしてコメント欄からＬＩＮＥ公式アカウントへ誘導します。

TikTok活用事例
ビフォーアフターの変身事例……②

菅谷信一のTikTok 活用事例

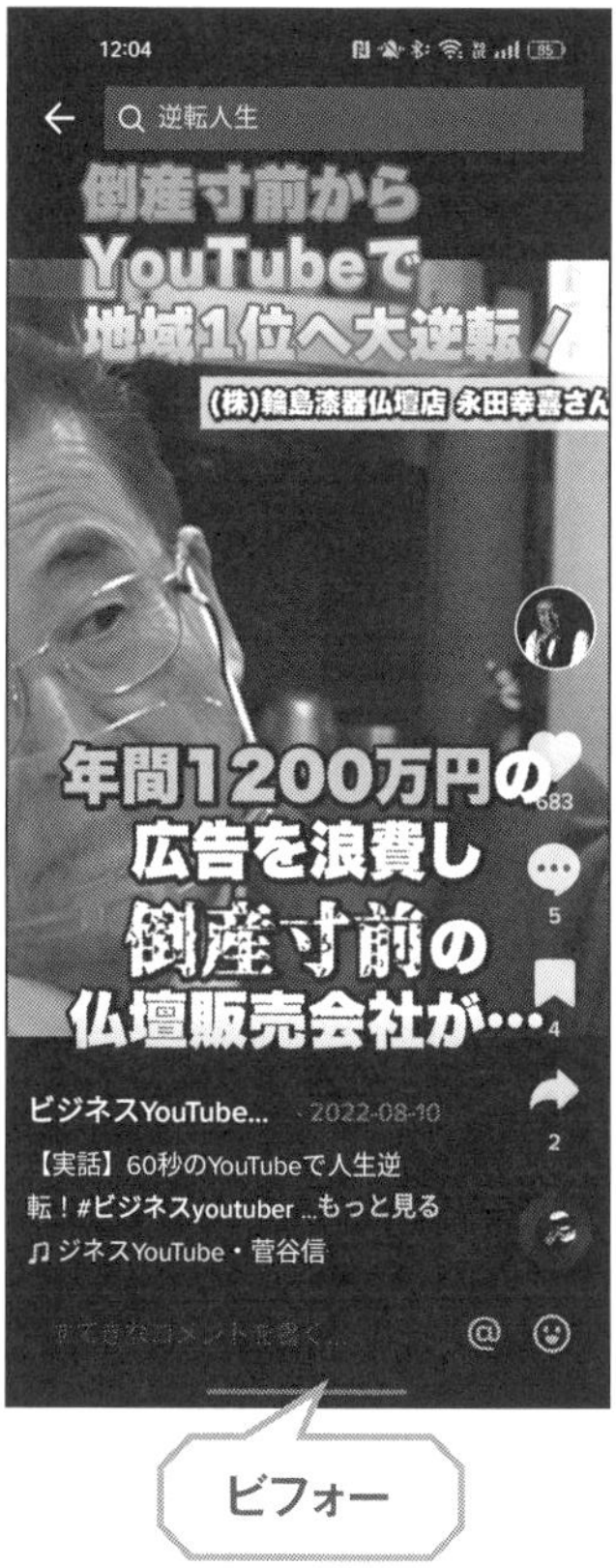

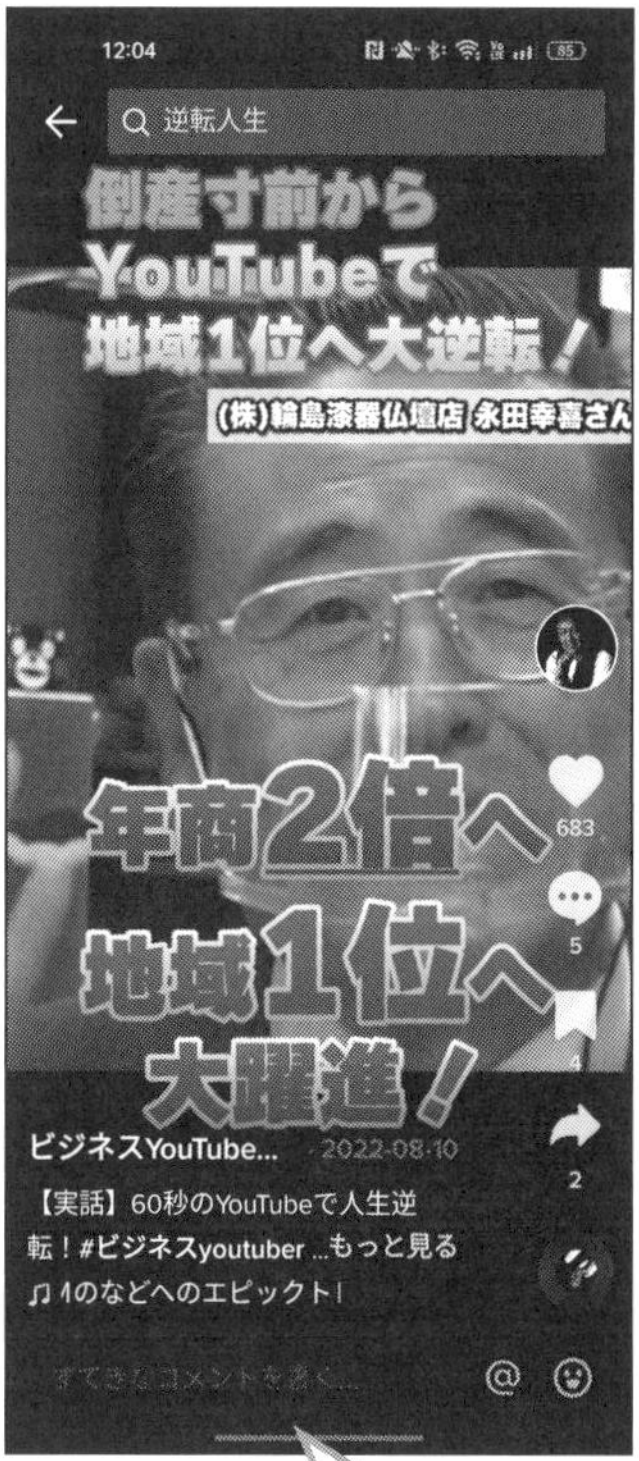

ビフォー　　アフター

「①ビフォーアフターの変身事例」の企画パターンで動画を構成。テロップの配置など編集にも力を入れた。さらに説明欄やコメント欄で自社メディアへ誘導。

ＴｉｋＴｏｋとＹｏｕＴｕｂｅショートに同一動画を投稿する「ハイブリッド投稿」も。

1回で二度美味しい戦略

せっかく動画マーケティングに取り組むなら、ＹｏｕＴｕｂｅショートだけでなくＴｉｋＴｏｋにもチャレンジしたいという企業はあるでしょう。その場合におすすめしたいのはハイブリッド投稿です。

同じ動画を、ＴｉｋＴｏｋとＹｏｕＴｕｂｅショートに投稿するということです。可能であればインスタグラムのリールにも投稿するといいでしょう。

ＹｏｕＴｕｂｅショートでロングテールのＳＥＯ対策を狙い、ＴｉｋＴｏｋではバズることでの爆発力を期待する、という二本立ての戦略です。

すでに述べた通り、ＴｉｋＴｏｋではバズらなければあまり反応を取れないという前提はあります。ただ、再生回数が稼げない動画であっても、TikTokに継続的に投稿することは決してムダではありません。

手を替え品を替えいろいろな動画を投稿しているうちに、何らかのきっかけで一つの動画がバズって、すでに投稿していたその他の動画も注目される可能性があります。

まったく同じ動画をYouTubeとTikTokという二つのプラットフォームに投稿しても、ペナルティなどはありません。これはハイブリッド投稿のメリットです。

ハイブリッド投稿に取り組んでいる会社の一つが、愛知県豊橋市のヤマモトスポーツです。社長の山本泰弘さんは、動画を作成すると、YouTubeショートとTikTokの両方に投稿しています。

ヤマモトスポーツの動画は、見ていて面白いものが多いのも特徴です。たとえば同店では、野球のグローブを「湯もみ」と呼ばれる方法で柔らかくして、型付けをして使いやすくするサービスを提供しています。

そしてその様子をTikTokとYouTubeショートにたびたび投稿しています。湯もみ型付けは珍しい手法で、かつ見ていて面白いので、ある動画などは3万回超の再生回数を稼いでいます。

中小企業のビジネス用TikTokで3万回再生は「バズった」といっていい数でしょう。**このくらいの爆発力があると、自社メディア（ホームページやランディングページ、あるいはLINE公式アカウント）への多数の流入も期待できます。**

また、TikTokからYouTubeチャンネルへの流入も狙えます。YouTubeチャンネル内にショート動画だけでなく1分以上の標準動画を投稿しておけば、それを見たユーザーが自社の商品・サービスについて深く理解してくれます。

TikTokをきっかけに、自社のメディアやYouTubeチャンネルを認知させられるというわけです。

せっかく撮影した動画ですから、幅広く活用したいと考えるのは当然です。TikTokの可能性も信じたい方はハイブリッド投稿に取り組んでみるといいでしょう。

TikTok活用事例
ハイブリッド投稿

有限会社ヤマモトスポーツ

所在地:愛知県豊橋市
業務内容:野球用品販売

TikTokの動画

YouTubeショートの動画

三章
CHAPTER 03

YouTubeショートでビジネスを打開した例から学ぶ

YouTube Short Movie Business Revolution!!!!

仏壇販売

熊本県熊本市

輪島漆器仏壇店

15秒動画で230万円の商品を販売！業界をYouTubeショートでリードする仏壇販売店

カメラ　固定　移動

顔出し　あり　なし

売上の推移

前年比25%アップ

倒産寸前の苦境からV字回復

本章では、YouTubeショートで結果を出している企業・店舗の事例を紹介していきます。

最初の事例は熊本県の輪島漆器仏壇店です。社長は永田幸喜さん。私がコンサルティング指導した会社のなかでもトップクラスの実績を残しています。

永田さんから相談があった当時は、中国製の安価な仏壇を扱うライバル店との競争が激化し、経営危機を迎えていました。そこから自社開発の「くまモン仏壇」のヒットやYouTubeへの取り組みによ

●ショート動画の投稿本数

4,855本

●ショート動画の主な題材

商材、納入状況現場など

●ショート動画の投稿頻度

1日6本

りV字回復し、圧倒的地域ナンバーワンの座に上り詰めています。

そしてYouTubeショートが登場すると、これにもいち早く取り組みを始めました。

「YouTubeショートは、YouTubeより気軽に、SNSにちょっと投稿する感覚でアップでき、かつGoogle検索で上位表示されます。 YouTubeの標準動画やブログよりも検索に強いことを実感しています。昨今、新聞・テレビ広告の効果は薄れ、対人関係希薄化の影響か、お客様からの紹介も減っています。それを補って余りある集客力がYouTubeショートにはあります」と永田さんは断言します。

YouTubeショートに投稿1時間後、不良在庫が売れた！

永田さんを象徴するショート動画が、後のページで紹介している動画です。これはお盆の「迎え火セット」を紹介したもの。長年売れずに不良在庫となっていたこの商品を、永田さんがYouTubeショートの15秒ほどの動画で紹介したところ、なんと1時間後に「動画を見た」というお客様が来店され無事売れた

輪島漆器仏壇店

https://www.youtube.com/@user-nw9si2wm2x

そうです。

YouTubeショートを投稿してから検索結果に表示されるスピードがいかに速いかがわかります。

さらに驚くのはその後です。迎え火セットを買ったお客様は仏壇のカタログを受け取って店を後にしました。そして翌日、そのお客様から「230万円の仏壇を買いたい」と連絡があったのです。

たった15秒の動画で230万円の商品を販売してしまったのです。

「**YouTubeショートは自分の努力次第で量産できるストック型広告だと思っています。** コロナ禍やインフレなど厳しい経営環境に対応できるツールともいえます」

YouTube動画やYouTubeショートが話題となり、永田社長はNHK『プロフェッショナル 仕事の流儀』など多数のテレビ出演も果たしています。

永田さんがYouTubeショートで工夫していることは、「**お客様から出た言葉をキャッチすること**」だそうです。

YouTubeショート動画で重要なのはタイトルや動画内に挿入するテキストです。

それらに使うキーワードは、事業者目線ではなくお客様目線である必要があります。**お客様とコミュニケーションするなかで得られたお客様の発言は、紛れもなく「お客様目線」のキーワードです。**それらを丁寧に拾ってYouTubeショートのタイトルなどにちりばめることで、ユーザーの興味を引き、動画の効果を高めることにつながります。ぜひマネをしたい手法ですね。

永田社長のすごいところは、1年365日、朝4時起き4時半出勤を継続しているところです。そしてYouTubeショートも1日6本の投稿を継続しています。その姿勢は経営者として大いに見習いたいところがありますね。

「私は多店舗経営ではなく、小さくても強い無借金家族経営を目指しています。そのお店を100歳まで現役で営み、YouTubeも続けたい。それが私の生きがいです」と意気込んでいます。

YouTubeショート活用事例

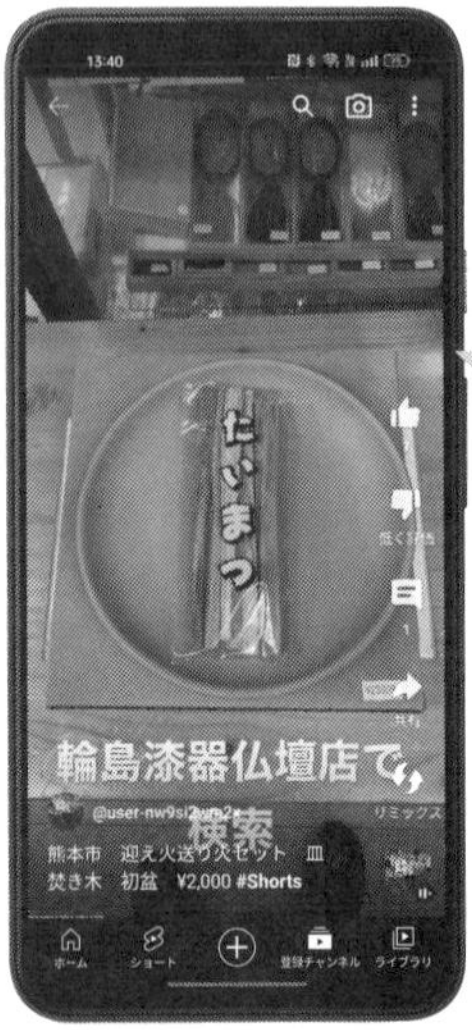

お盆しか売れずに倉庫に眠っていた迎え火セットもショート動画で即販売。

朝4時起きで仕事をしている永田社長。仕事にかける思いが伝わります。

商品の細部へのこだわりも動画ならわかりやすく紹介できます。

アルミ鋳造

長野県上田市

誉工業所

ショート動画で毎年1000万円の部品製作案件を受注。年商170%アップに大躍進

カメラ　固定　**移動**

顔出し　**あり**　なし

売上の推移

前年比10%アップ

YouTubeショートで大手メーカーからの受注を獲得

金型の設計製作を行っている誉工業所の坂戸さんは、YouTubeをビジネスに活用しはじめて、すぐに売上が増加する効果を得ていました。

もともとは会社のホームページで集客を図っていた坂戸さん。しかし、ホームページからの問い合わせはほぼなく、どうにかしたいと思っていた時に、私の著書『最新　LINEビジネス活用講座』（主婦の友社）を読んで連絡を下さいました。

そして私のコンサルティング指導を受け、2020年にYouT

●ショート動画の投稿本数

341本

●ショート動画の主な題材

金型製作現場や鋳造現場の風景

●ショート動画の投稿頻度

1日1～2本

ubeの投稿を始めます。

「最初は顔出しが嫌で嫌でしょうがなかった」という坂戸さんですが、「製造業でYouTubeをビジネスに活用する会社はほとんどないから、今こそチャンスですよ」という私の説得を受け入れて、土日祝日関係なく毎日の投稿を実践してくれました。

その結果、多くの新規顧客獲得に成功し、売上は従来の1・7倍ほどにアップ。某自動車メーカーのフラッグシップとなる車種のブレーキ用金型を発注されるなど、大きな成果を上げています。

YouTubeショートは自社サイトへ誘導する有効な手段

YouTubeの効果を実感した坂戸さんは、YouTubeショートのサービスが始まると、ショート専用のチャンネルを立ち上げました。今では二つのチャンネルで精力的に動画を投稿しています。

坂戸さんは、「**標準動画とショート動画を同じタイトルにしても、ショート動画の方が短い分、再生回数は格段に増えます。**メインのYouTubeチャンネルや、自社のホームページへの誘導にはYouTubeショートが非常に効果的です」と語ります。

つまり、**YouTubeショートを多くの人の目に留めてもらい、そこから自社ホームページやメインのYouTubeチャンネルに誘導し、サービス内容や会社概要をじっくりと見てもらうという作戦です。**

誉工業所では現在、「誉のものづくり丸投げサービス」という、金型の設計・製作だけでなく鋳造や量産までをトータルで請け負うサービスに注力しています。YouTubeショート動画でもこのサービスを意識した動画づくりを行っています。

YouTubeショート戦略を実践するうえで坂戸さんが心がけていることは、「**特定の視聴者が興味を引くような加工や鋳造が現場で行われている時は、できる限り撮影すること**」だそうです。

時には、お客様と従業員の打ち合わせ風景も、お客様に断ったうえで撮影しているそうです。そこでひと言お客様に語っていただけば、「**客観的な第三者の声**」として説得力のある動画になります。

今後の目標は、「とにかく忍耐強く、コツコツと欠かさず投稿すること。新規のお客様の獲得をあと数社増やし、今後5年で売上1億

金型設計製作から鋳造
納品までを一気通貫で!
(ショート動画の専用チャンネル)

https://www.youtube.com/@homaleshort

円を目指します！」と宣言してくれました。

YouTubeショート活用事例

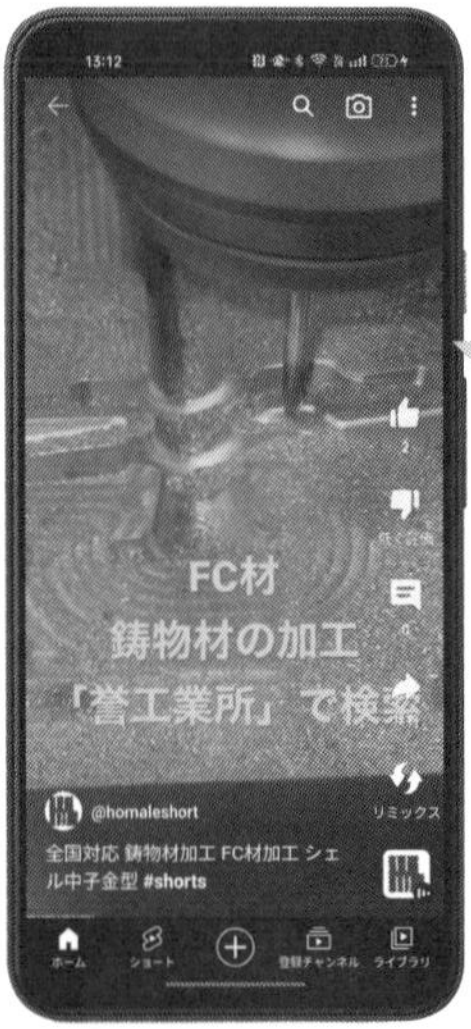

材料加工の様子をアップで。インパクトもありYouTubeショート向きの動画です。

高度なソフトウェアを用いていることも売りになります。

鋳造中の様子。設備や作業工程の紹介は定番の動画といえます。

タイヤ販売

東京都八王子市

平ゴム工業所

約1年で1200本のショート動画を投稿。価値訴求型のビジネス構築を実現

カメラ　固定　**移動**

顔出し　**あり**　なし

問い合わせ数の推移

前年比50%アップ

●ショート動画の投稿本数

1,200本

●ショート動画の主な題材

店舗の紹介

●ショート動画の投稿頻度

1日3本くらい

1日3本の投稿を実践

八王子市でタイヤの販売、整備、修理を行っている有限会社平ゴム工業所。

代表の鈴木さんは9年ほど前からYouTubeの標準動画に取り組んでいましたが、YouTubeショートにも着目。2021年秋にYouTubeショートの専門チャンネルを開設し、取り組みはじめました。

「営業日は、何があっても毎日3本を必ず投稿する」と意気込んでスタートし、実際にこれまで1年ちょっとで1200本の投稿を行って

いますから、素晴らしい継続力ですね。

1日3本投稿していても、時間がかかってしまっては意味がありません。その点、鈴木さんは、できる限り本業の時間に影響が出ないよう、撮影・編集時間を短縮する、仕事の様子を動画にする際はなるべく撮り貯める、などの工夫をしているようです。

鈴木さんの動画は、自社で扱っているタイヤの特徴や、装着することによって得られるメリット、安全運転や車についての豆知識などを鈴木さんが語っているものが中心です。また、タイヤの空気圧やホイールバランスを測定しているだけで声も入れていない動画も多いです。

ちなみにタイヤの価格を訴求する動画はまったく投稿していません。

価値のわかるお客様の来店につながった

ショート動画を大量に投稿することで、平ゴム工業所のホームページや標準動画のＹｏｕＴｕｂｅチャンネルへの誘導が強化されることになりました。

その結果、どういう現象が起きたか。まずＹｏｕＴｕｂｅショートを始めてから３週間で反応が現れ始めました。また1ヵ月半経つ頃には、自社のサービスの値打ちがわかるお客様からの問い合わせが増えてきました。

「顔を出してお話ししているので、お客様との距離が近くなったと感じます。先にYouTubeショートをご覧いただいたお客様が来店されるので、ご要望とのミスマッチもなくなりました」

タイヤ販売は値引き合戦が当たり前の業界です。そういったなかでも平ゴム工業所には、鈴木さんの知識・技術・サービスを理解し、「鈴木さんにタイヤを取り付けてほしい」というお客様が来店しています。**価格ではなく価値を理解したお客様を集められる点は、YouTubeショートの大きな効果の一つといえます。**

価値訴求型のYouTubeショートを大量投稿することで、自分の会社に合ったお客様が来店される。その結果、利益圧迫型ではなく利益獲得型のビジネスが構築できます。

値引きとは無縁のビジネスができるので、同じタイヤの取付作業であっても、得られる利益はライバル店より大きくなります。

「現在のペースを守りつつ、さらに動画作成の時間を短縮し、自分の投稿パターンを確立して投稿本数を増やせるようにしていき

タイヤ・ホイール専門
整備士・鈴木嘉男

https://www.youtube.com/@user-xb7yg6yu9s

たいです」と鈴木さん。投稿本数の増加に伴って、さらなる新規顧客獲得、売上アップも期待できるでしょう。

YouTubeショート活用事例

わずか6秒の動画が19万回再生。タイトルなどの設定が功を奏したと思われます。

新しいタイヤが入荷されたことを顔出しで説明。LINEへの誘導コメントも。

測定器を使いタイヤのホイールバランスを測定している様子。

整体院

島根県松江市

Body・メソッド

毎月８件の新規顧客をYouTubeショート動画の大量投稿で獲得する治療院

カメラ	**固定**	移動
顔出し	**あり**	なし

問い合わせ数の推移

161%アップ

倒産寸前の苦境からV字回復

「コロナ禍で売り上げは大幅に低下。その後、コロナ禍が落ち着いて他院が売り上げを回復させるなかで、当院は思うように回復せず焦っていました」と整体院「Ｂｏｄｙ・メソッド」を営む古鉄さん。困っている時に私のＹｏｕＴｕｂｅ戦略を知り、連絡をくれました。

「**ショート動画を大量にアップすればＧｏｏｇｌｅ検索上位に上がって新規集客が増えるという簡単な図式**に納得し、やるべきことが明確になりました」

Ｂｏｄｙ・メソッドの新規顧客獲得方法といえば、既存顧客から

●ショート動画の投稿本数

660本

●ショート動画の主な題材

健康法、心身の不調の解決法

●ショート動画の投稿頻度

1日5本くらい

の紹介がほとんどで、あとはまれに知人の超繁盛院で溢れた予約を回してもらうくらいしかありませんでした。

そこで自力での新規顧客の獲得を狙ってＹｏｕＴｕｂｅショートをスタート。毎日コツコツとショート動画を投稿しました。

初めてネットから新規顧客の予約を取れたのは、ショート動画を３００本投稿した頃でした。そして５００本を投稿する頃には、Ｇｏｏｇｌｅ検索からの新規予約が増え始め、その数は既存顧客からの紹介による予約数を超えました。

「**ネットからのご予約がひと月に8人くらいになっています**」と古鉄さん。０人から８人ですから大きな躍進です。

古鉄さんは大量動画の投稿を継続するうえで心がけていることがあります。

「一つ一つの動画撮影・編集に時間をかけないことです。当初は入れていたテキストやＢＧＭも、ある時からは一切やめて制作時間の短縮に努めています。**動画内容へのこだわりは捨てて、その分、投稿時の各種設定に徹底的にこだわっています**」。

ＹｏｕＴｕｂｅショートの動画は説明文が読まれにくいので、その他の部分での設定作業の重要性が増します。そのタイトルに使うキーワードを精査することで、Google検索の上位を狙えるということです。具体的な例を教えてくれました。

「『肩こり』『腰痛』などは**ライバルが多いキーワードなので、Google検索の上位を獲得するのは難しい。**そこでまずは、ライバルの少ない検索ワードで上位を取ることを目指しました」。

具体的には、『不眠』『寝つきが悪い』など睡眠障害に関連するタイトルのショート動画を多数アップしました。

その結果、『不眠』など睡眠障害に関して、地域では1位から3位までを独占するようになりました。

個別動画やライブ配信でリピート率向上を図る

ショート動画を毎日5本ペースで投稿している古鉄さん。すっかり習慣として定着していますが、動画内容の考案にまだまだ時間をかけてしまう点が悩みです。それらの作業時間をさらに短縮するために試行錯誤を続けています。

Body・メソッド
こてつ整体

https://www.youtube.com/@body822

今後の目標は、「対前年比20％を4年継続させたいです。そのためには、ご来院いただく会員様一人ひとりにより細かなケアをして、『この整体院を選んで良かった』と思ってもらえるようにします」と意気込んでいます。

古鉄さんはＹｏｕＴｕｂｅを活用して次のような取り組みも行っています。

新規来院者の施術後に、セルフケアについて説明するとともに、その日のうちに説明動画（限定公開）を送るというもの。お客様は「自分のためだけに動画が送られてきた」と感激してくれるそうです。

また、不眠の会員様向けに「快眠できるストレッチ」を毎晩ライブ配信しています。今後もお客様の細かなニーズを聞いてサービスに反映させていくとのことです。

YouTubeショート活用事例

体に関するいろいろな悩みをテーマに、その悩みを解決するセルフケアを紹介しています。

雪が降ったときには、「雪道で転んだ場合のケア」について投稿。

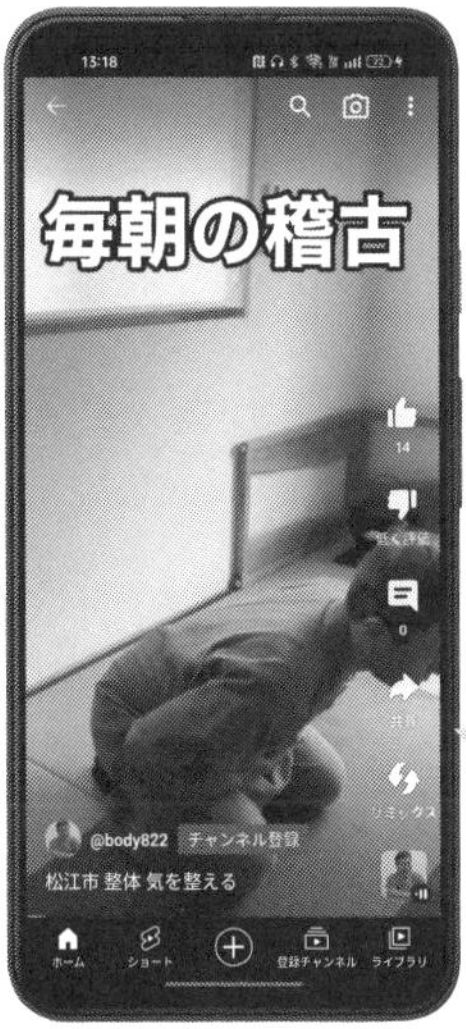

「気を整える」稽古方法についてレクチャーしています。

美容室

名古屋市守山区

analog noi

客単価1万5000円の優良顧客をYouTubeショートで続々獲得する美容室

カメラ	固定	**移動**
顔出し	**あり**	なし

問い合わせ数の推移

10%アップ

1日10本の大量投稿を継続

名古屋の美容室「analog noi」のオーナー・美容師である青山さんは、「集客を成功させて、そのノウハウで苦しんでいる美容師の見本になりたい」と2021年10月頃からＹｏｕＴｕｂｅのビジネス活用に取り組み始めました。

青山さんが言うように、経営に苦しんでいる美容室はたくさんあります。美容室の数は全国に25万件と言われます。コンビニが5万件、歯科医院が10万件と言われますから、美容室がいかに飽和状態であるかわかります。

●ショート動画の投稿本数

4,800本

●ショート動画の主な題材

カットやカラーのビフォー・アフター

●ショート動画の投稿頻度

1日10～15本

そのような美容室業界にあって、青山さんが店を構える名古屋市はさらに激戦区です。正直なところ私も、「美容室業界は競争が激しいから、YouTubeショート戦略で成果が出るのに時間がかかりそう」と懸念していました。

しかしそんな心配を覆してくれたのが青山さんです。YouTubeショート戦略をスタートして以来、1日10本以上の大量投稿を継続して、約1年後にはネットからの問い合わせ数10％アップという成果を出してくれました。

「YouTubeショートは編集が簡単で、大量・継続投稿しやすいのが特徴です。実際に私はたくさんの動画をアップできました」と語ります。

YouTubeショートで、客単価1万5000円という優良顧客の獲得にも成功しています。また新規顧客を継続的に獲得しているだけでなく、リピート率も8割という高水準を誇ります。

YouTubeショートがanalog noiの**「価格」ではなく「価値」を正確に伝え、その価値を理解してくれるお客様の来店につながっている**といえるでしょう。

美容師青山

https://www.youtube.com/@user-aoyama333

積極的な「顔出し」で安心感を与える

青山さんが投稿している動画の多くは、来店されたお客様のビフォーアフターの様子です。お客様の髪がきれいに変身する様子を動画によってリアルに見せることで、見る人に「私もあんな風にカットしてほしい」と感じてもらうことができます。

また動画のなかには青山さんも積極的に入り込みます。美容室の看板はやはり美容師です。美容師その人を気に入ってもらえなければ、新規顧客の獲得もリピートもありません。その点、**青山さんはYouTubeチャンネル名も「美容師青山」として、積極的に自分自身のアピールを行っています。**

ちなみにショート動画ではなく標準動画もたくさん投稿しています。標準動画の方では、お客様の髪を切る前にじっくりと時間をかけて行うカウンセリングの様子などをアップしています。**動画を見た人は、青山さんのカウンセリングを疑似体験できます。**髪の悩みを持っている人は、「この美容師さんなら安心して任せられそう」と信頼感を抱き、それが来店につながる効果も期待できます。

青山さんは当面このままのペースで動画の投稿を継続していきたいと語ります。そのうえで次のように目標を語ってくれました。

「まずは集客に成功して、リピートにつなげて、閑散期も予約がいっぱいの状況をつくることを目指します。そこから高単価メニューを打ち出し、単価の高いお客様を徐々に増やし、収益向上に結びつけたいです。

そして、その成功事例を全国で悩んでいる美容師オーナーに伝えられるようになりたいです。その他にもまだまだやりたいことはたくさんあります！」。

YouTubeショート活用事例

ヘアカットのビフォーアフターは定番の動画です。

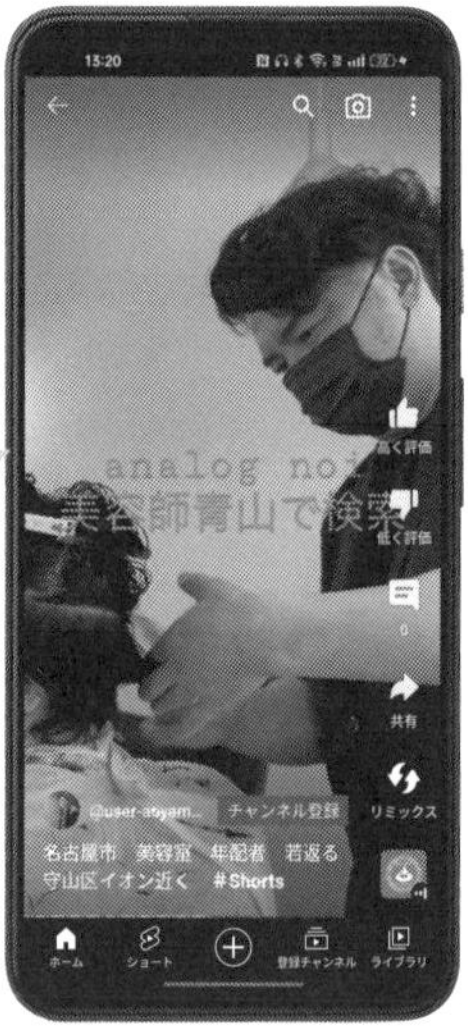

青山さんも積極的に顔出しすることで、視聴者の信頼感・安心感につながります。

ヘアカラーのビフォーアフターはインパクトがあるのでつい見たくなります。

四章

CHAPTER 04

YouTubeショートの投稿方法と小さな会社でもできる撮影パターン

YouTube Short Movie Business Revolution!!!!

ＹｏｕＴｕｂｅチャンネルの開設とアプリのインストール方法

◀ＹｏｕＴｕｂｅにログインするにはＧｏｏｇｌｅアカウントが必要

この章では、実際にＹｏｕＴｕｂｅショート動画を投稿するために、ＹｏｕＴｕｂｅチャンネルの開設や動画タイトルの付け方などを解説していきます。

ＹｏｕＴｕｂｅは、Ｇｏｏｇｌｅが提供しているサービスなので、ＧｏｏｇｌｅアカウントＧメールアドレス）を使ってＹｏｕＴｕｂｅにログインする必要があります。

Ｇｏｏｇｌｅアカウントをまだ取得していない方は、「**①Ｇｏｏｇｌｅアカウントを新規に取得する**」から始めて新規取得をしてください。

Ｇｏｏｇｌｅアカウントをすでに持っている方は、「**②ＹｏｕＴｕｂｅチャンネルを開設する**」に進んでください。

準備編……①
Googleアカウントを新規に取得する

①グーグルにアクセス

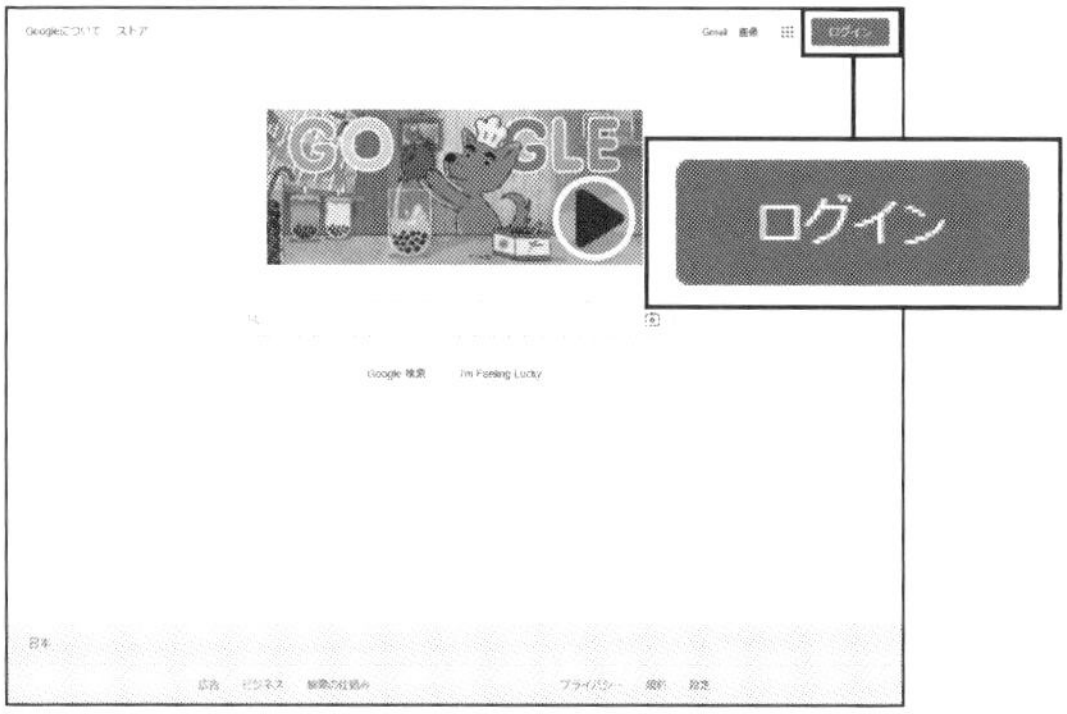

ブラウザでグーグル(www.google.com)を開きます。画面右上にある「ログイン」をクリックします。

②「アカウントを作成」をクリック

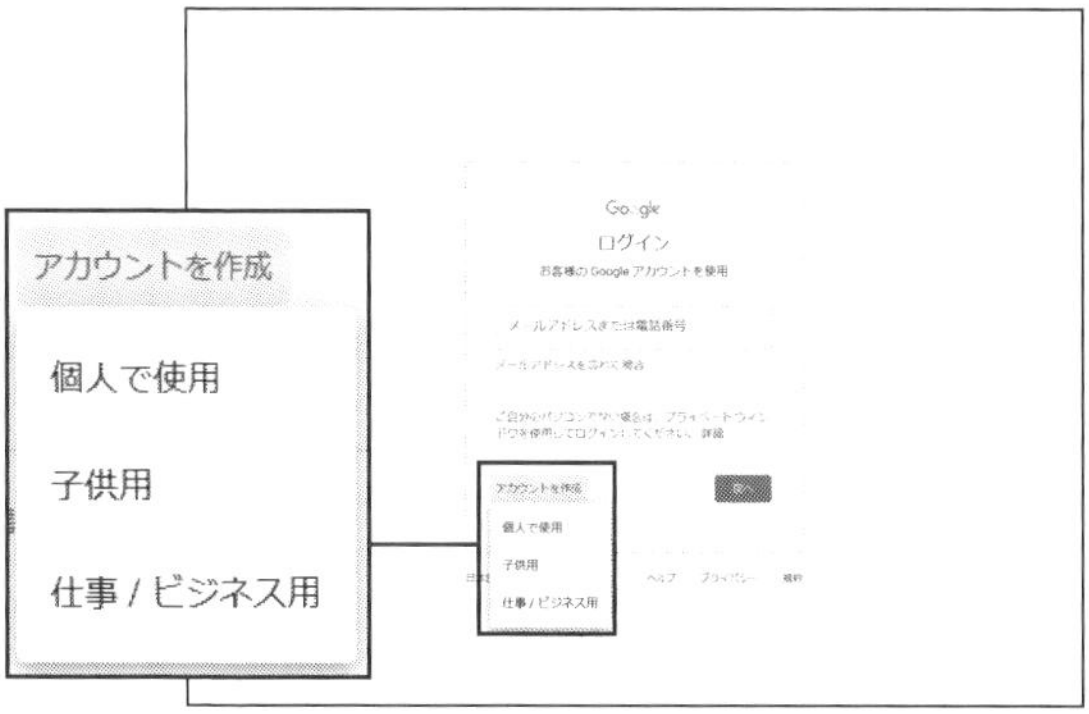

まだGoogleアカウント(Gmailアドレス)を持っていない方は、「アカウントを作成」をクリックします。「個人で使用」「子供用」「仕事/ビジネス用」と表示されますが、「個人で使用」で問題ありません。

③必要項目を入力

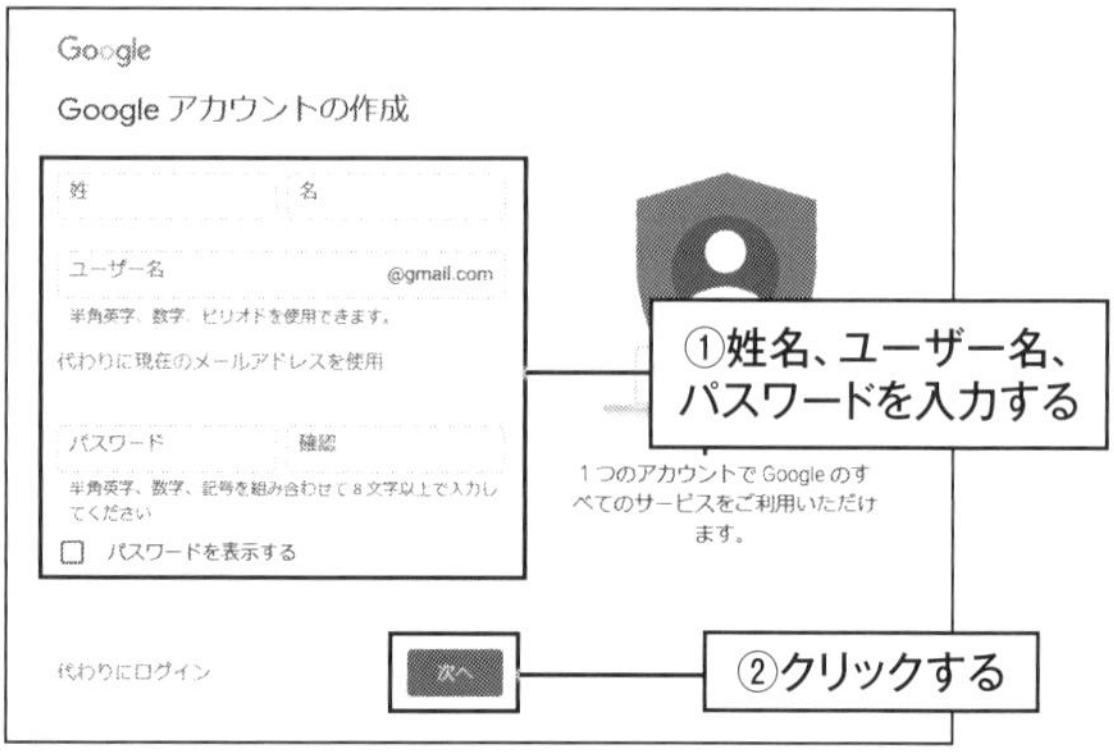

姓名(日本語でもローマ字でも可)、自分で決めたユーザー名(Gmailアドレスの@より左側の部分。ほかのユーザーとダブらない文字列にする必要がある)、パスワードを入力します。パスワードは半角英字、数字、記号を組み合わせて8文字以上に設定する必要があります。最後に「次へ」をクリックします。

④携帯電話番号を入力

お使いのスマートフォンの番号を入力し、「次へ」をクリックします。その後、スマートフォンにショートメールが届くので、少し待ちましょう。

⑤確認コード、生年月日・性別を入力

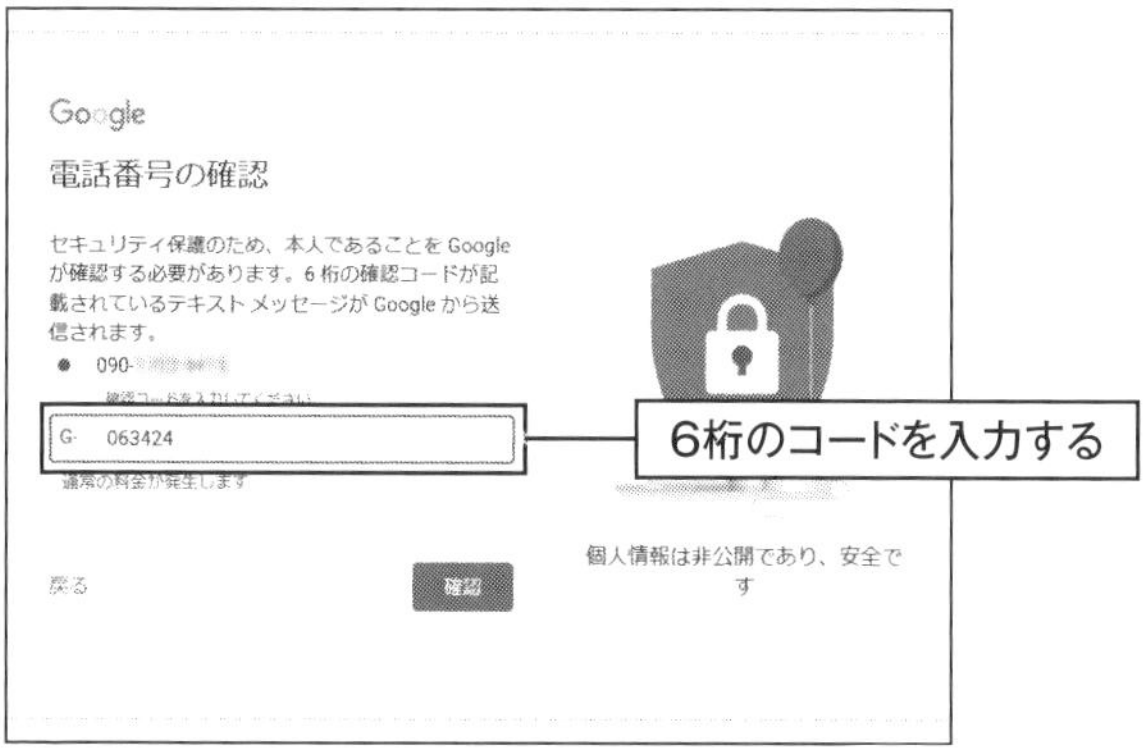

ショートメールに書かれている6桁のコードを入力します。次の画面で生年月日、性別を設定しましょう。その次の画面ではプライバシーポリシーと利用規約を確認し、「同意する」をクリックしましょう。

⑥アカウント作成終了

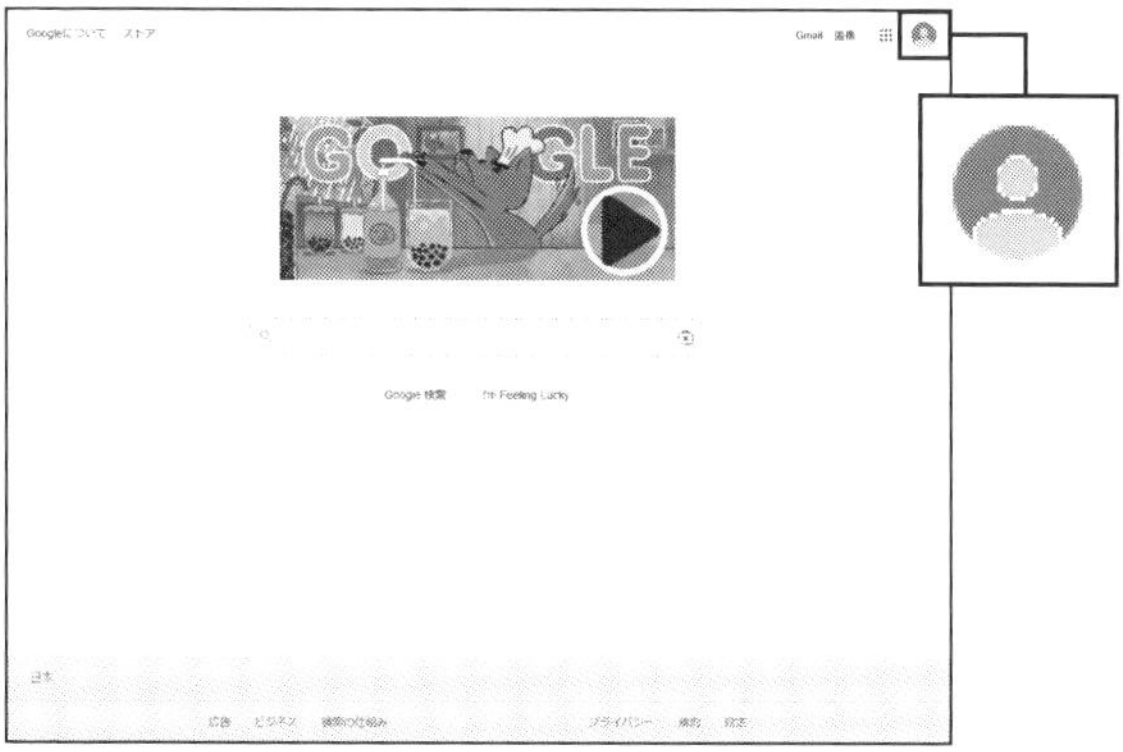

Googleアカウントの作成が完了しました。右上に人型のアイコンが表示されていれば、ログインした状態になっていることを意味します。

準備編……②
YouTubeチャンネルを開設する

①YouTube にアクセスする

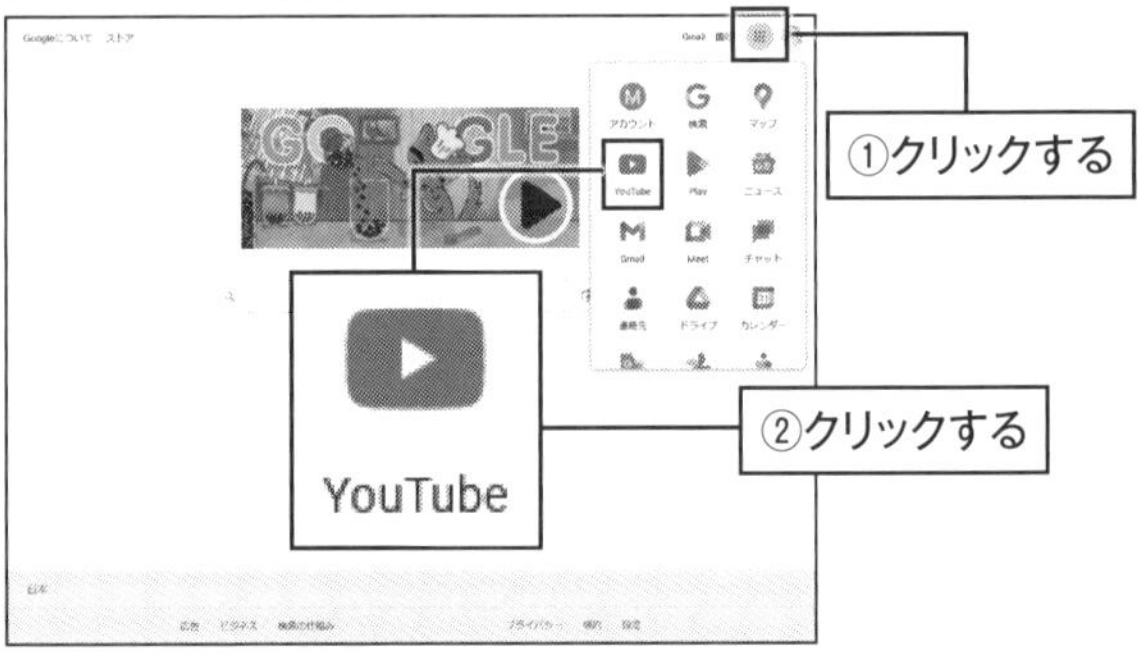

Googleにログインした状態でGoogleの画面上部右側にある、「Googleアプリ」アイコンをクリックすると、画像のようにアプリの一覧が表示されます。このなかからYouTubeのアイコンをクリックします。
また、ブラウザの検索窓に直接「youtube.com」と入力してリターンを押す方法でもYouTubeにアクセスできます。

②「チャンネルを作成」をクリック

YouTubeの画面上で、右上にある丸いアイコンをクリックします。するとメニューが表示されるので、「チャンネルを作成」をクリックします。

③チャンネル名を設定

自分の希望するチャンネル名を入力して「チャンネルを作成」をクリックします。チャンネル名は後から変更することも可能ですが、変更後、新しい名前がYouTube全体で表示されるようになるまでには数日かかる場合があります。

④チャンネルの作成が完了

チャンネル開設が完了しました。この画面を「チャンネルトップページ」と呼びます。チャンネルトップページは、ユーザーがあなたのYouTubeチャンネルにアクセスした時に見る画面です。チャンネルトップページでは、ヘッダー画像やチャンネル紹介の説明文、チャンネル紹介動画などの要素をカスタマイズできます。YouTube運用に慣れてきたら、画面上部の「チャンネルをカスタマイズ」から、カスタマイズ設定するといいでしょう。

スマホにＹｏｕＴｕｂｅアプリをインストール

ＹｏｕＴｕｂｅチャンネルを開設したら、次にお使いのスマホにＹｏｕＴｕｂｅアプリをインストールする必要があります。すでにインストールされている場合は問題ありません。

まだアプリをインストールしていない場合は、左に示した手順に従ってインストールしてください。

インストール後、Ｇｏｏｇｌｅアカウントでログインします。先ほど開設したＹｏｕＴｕｂｅチャンネル用のアカウントと同じアカウントでログインできているか確認してください。

ログインできたら準備は完了です。

準備編……③
YouTubeアプリをインストール

①アプリを入手する

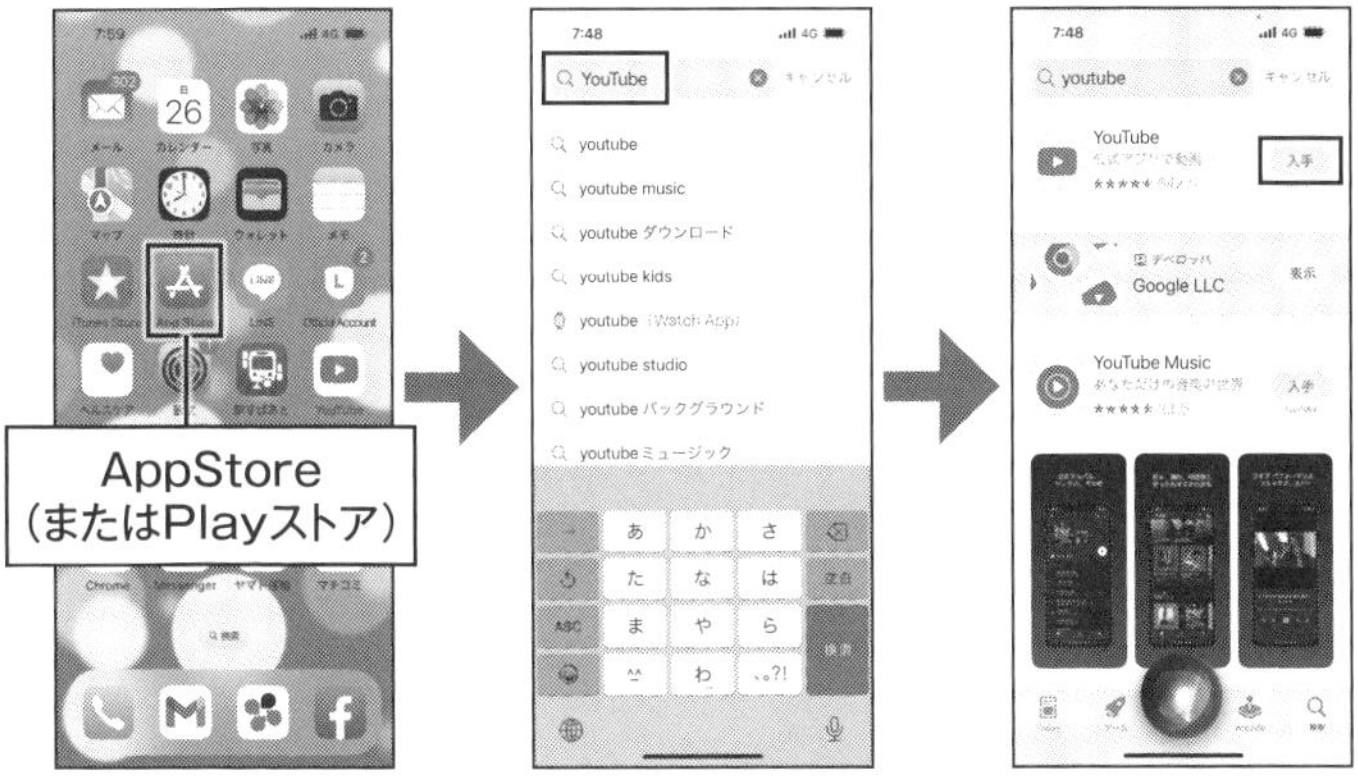

AppStore（またはPlayストア）を開きます。アプリの「検索」をタップして、「YouTube」と入力し、「入手（またはインストール）」ボタンをタップします。

②正しいアプリか確認する

アプリの右上部にあるアイコンと、パソコンのYouTube画面にあるアイコンが同じものであることを確認してください。

スマホ1台で動画撮影してアップロードするまでの一連の流れ

◀ ショート動画を作成・アップロード

準備が完了したら、ショート動画を撮影・アップロードしていきましょう。ショート動画をアップロードする方法には次の2種類があります。

①YouTubeアプリでショート動画を撮影し、アップロードする

②スマホのカメラアプリで撮影しスマホ内に保存されている動画をアップロードする

この他にも、スマホで撮影した動画をＰＣで編集し、アップロードするといった方法もあります。本書では右の2種類を説明していきます。

なお、お使いのスマホによっては、アプリのボタン配置や表示項目が本書の説明とは少し異なる場合があるかもしれませんが、大きな違いはないはずです。迷ったらＹｏｕＴｕｂｅのヘルプページ（https://support.google.com/youtube）を参考にしてください。

スマホで行う……①
YouTubeアプリを使う

①「ショート動画を作成」を選択

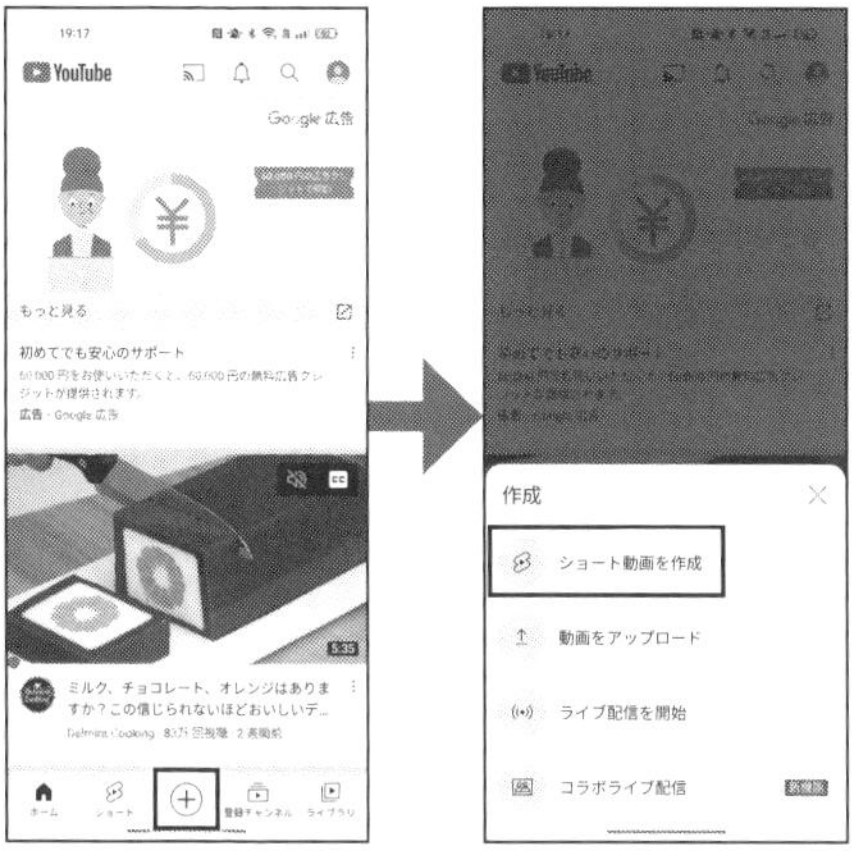

画面1番下の中央にある「+」ボタンをタップします。次に「ショート動画の作成」のメニューをタップします。すると下記のように撮影画面に切り替わります。

撮影画面

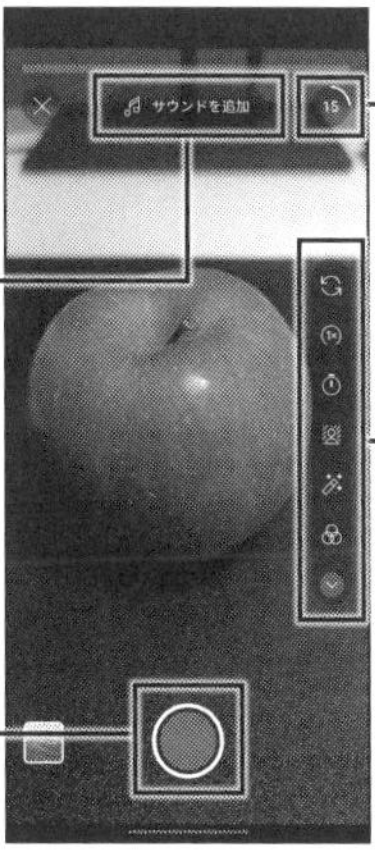

動画の長さは当初15 秒以内に設定されています。15秒を超えるショート動画を作成する場合は、［15 秒］をタップすると60 秒までの録画が可能になります。

15秒以内の録画の場合、YouTube のライブラリの音楽を使用可能です。

上から順に
・カメラの切り替え
・録画速度
・タイマー
・グリーンスクリーン
・レタッチ
・フィルタ
のボタンが並んでいます。必要に応じて使ってみるとよいでしょう。

赤いボタンで録画をスタートorストップします。録画が終わったら、赤いボタンの右側に表示されるチェックマークをタップしましょう。編集画面に移動できます。

②テキストを入れる

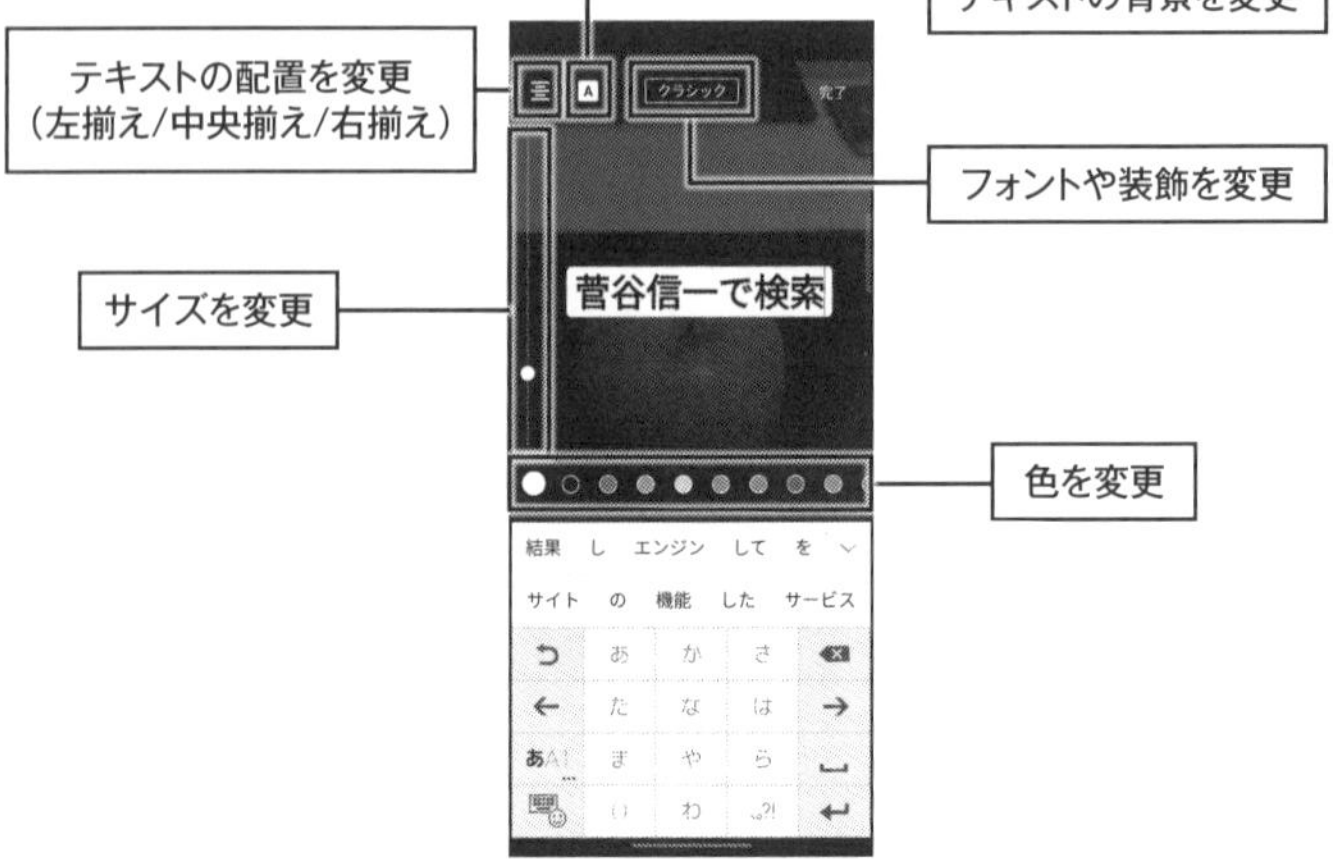

画面下のメニューから「テキスト」を選ぶとテキスト編集画面になります。テキストはサイズや色、背景などを変更して装飾できます。なおテキストの位置（画面内での上下左右）を変更する場合は、ひとまず「完了」をクリックします。

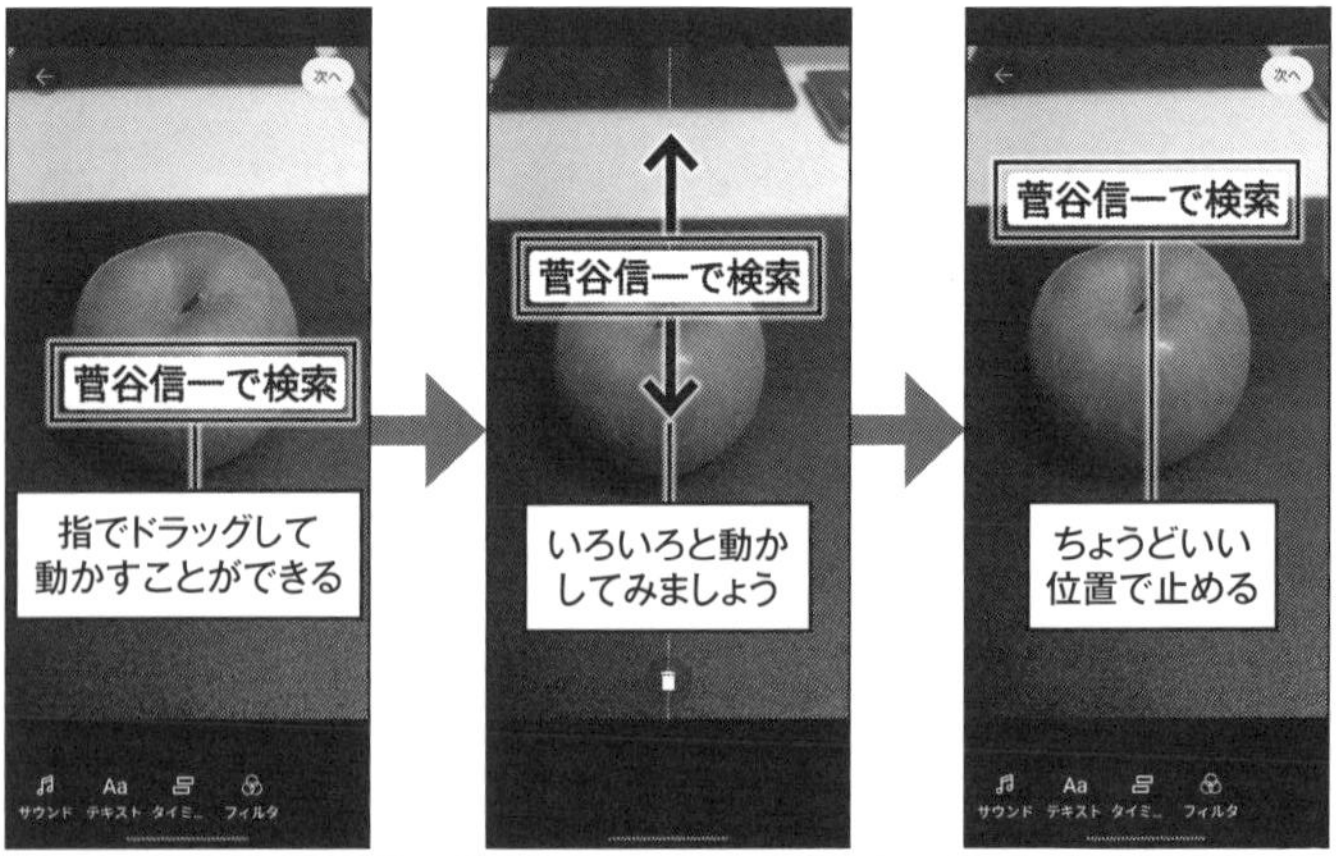

テキストの枠を指でドラッグして動かすことができます（機種によっては長押しする必要がある場合もあります）。なお、再度テキストを編集したい場合は、テキストボックスをタップして「編集」をタップします。

なお、テキストは1カ所だけでなく複数箇所に挿入できます。

③テキストのタイミングを調整

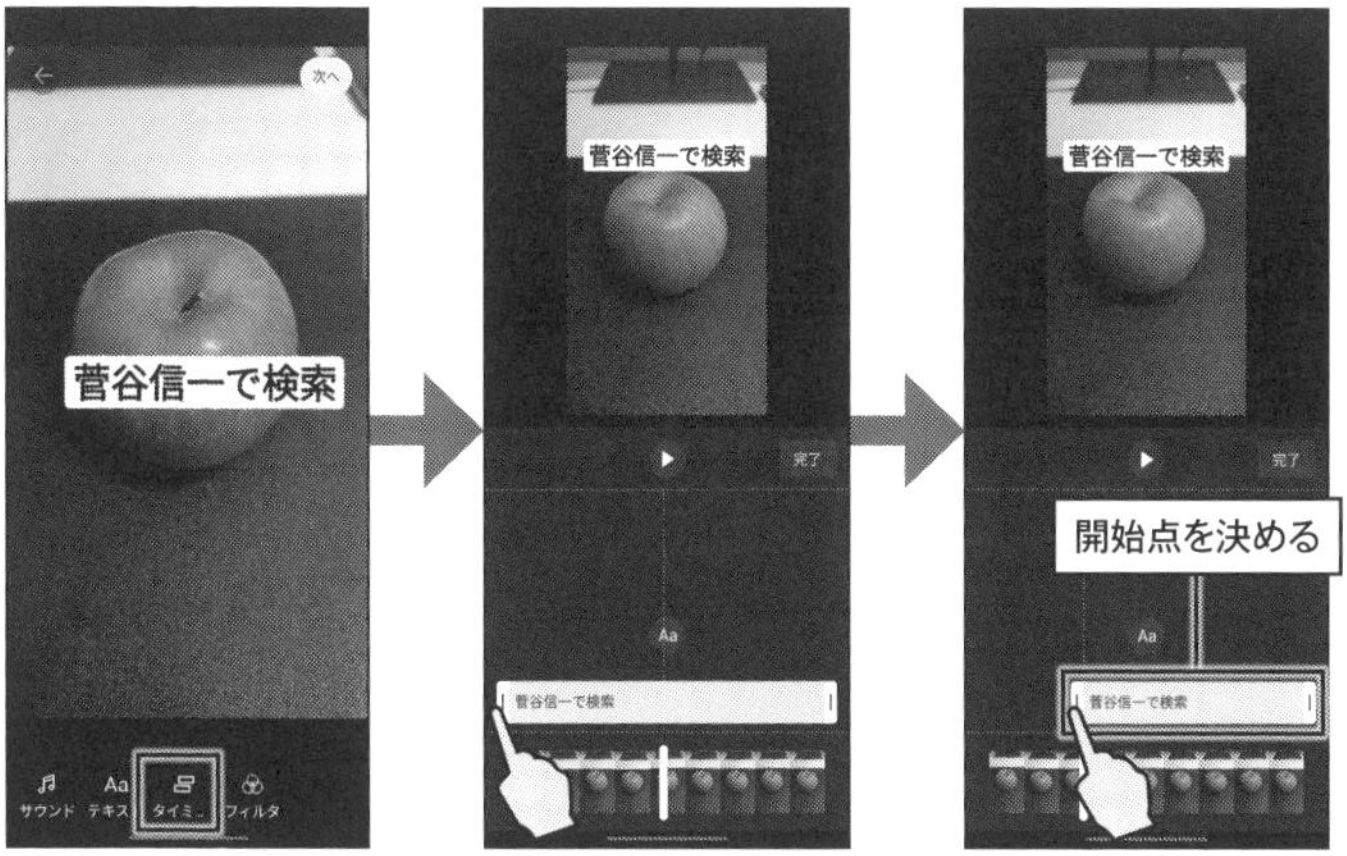

テキストが表示されるタイミングを調整したい場合は「タイミング」をタップします。テキストクリップの開始点と停止点をドラッグする(左右に動かす)ことで、動画にいつテキストが表示され、いつ非表示になるかを変更できます。

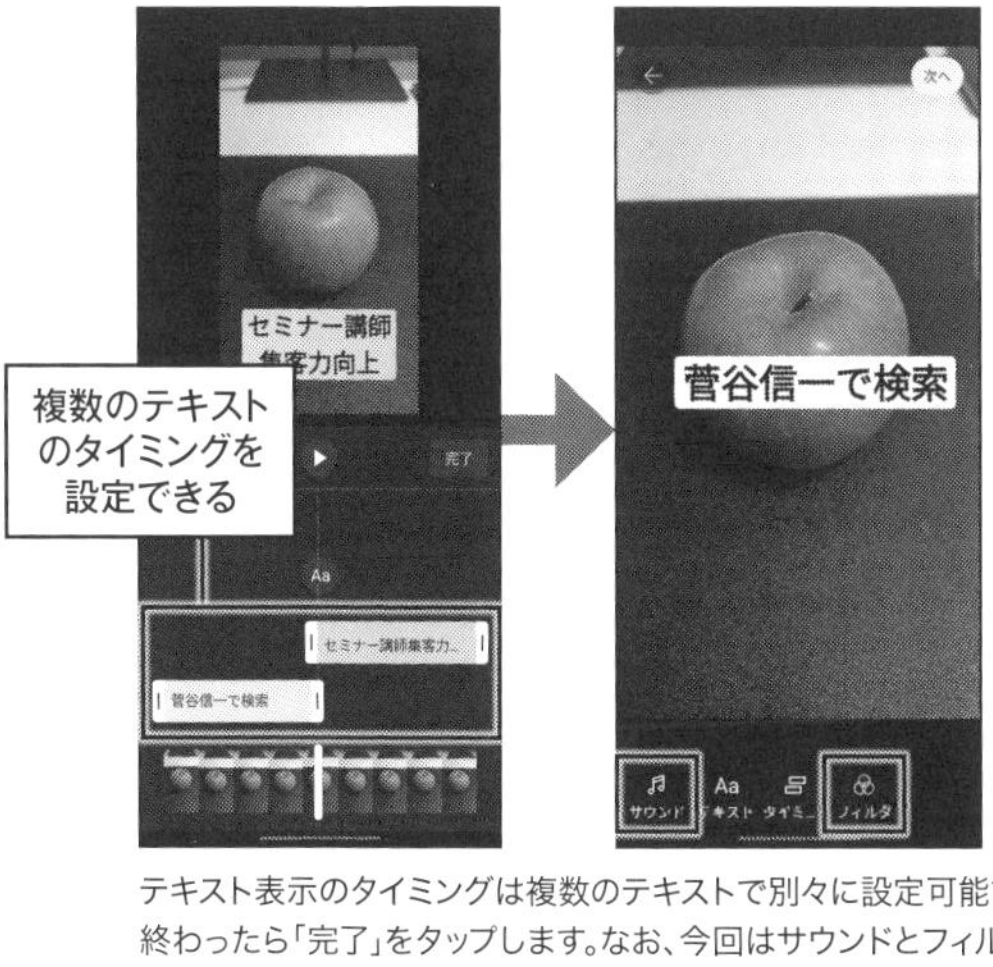

テキスト表示のタイミングは複数のテキストで別々に設定可能です。
終わったら「完了」をタップします。なお、今回はサウンドとフィルタは設定しませんが、後ほど設定方法を解説します。すべて終わったら「完了」をタップします。

④タイトルなどを設定

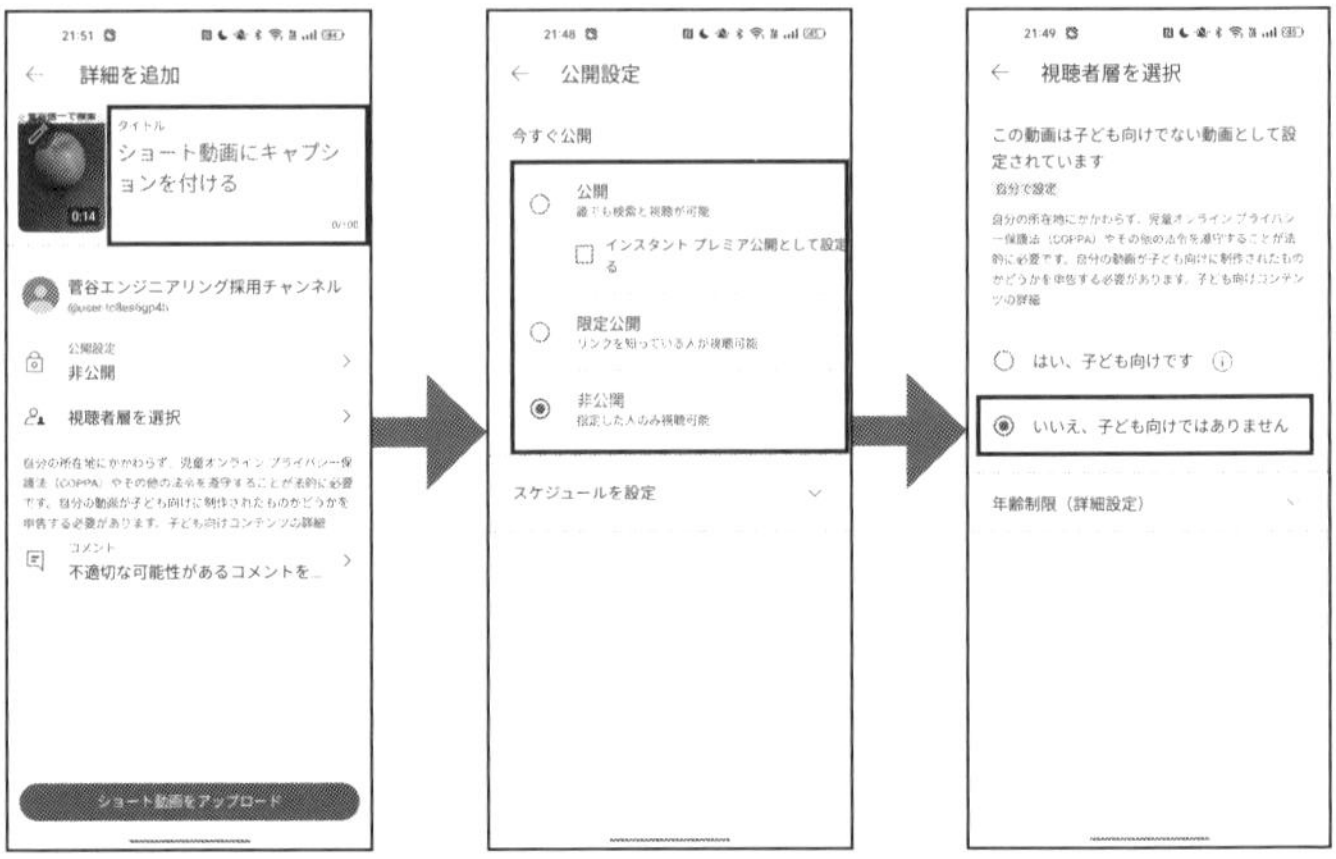

タイトル欄にタイトルを入力します。タイトルは後からパソコンのYouTubeで変更できるので、とりあえず仮で付けておいてもOKです。
公開設定は「公開」「限定公開」「非公開」から選びます。すぐに公開する場合は「公開」、編集途中の場合は「非公開」でいいでしょう。視聴者層の選択では「いいえ、子ども向けではありません」を選びます。最後に「ショート動画をアップロード」をタップします。

YouTubeチャンネルの「自分の動画」にアップロードが完了しました。

スマホで行う……②
スマホ内の動画をアップロードする

①動画の選択

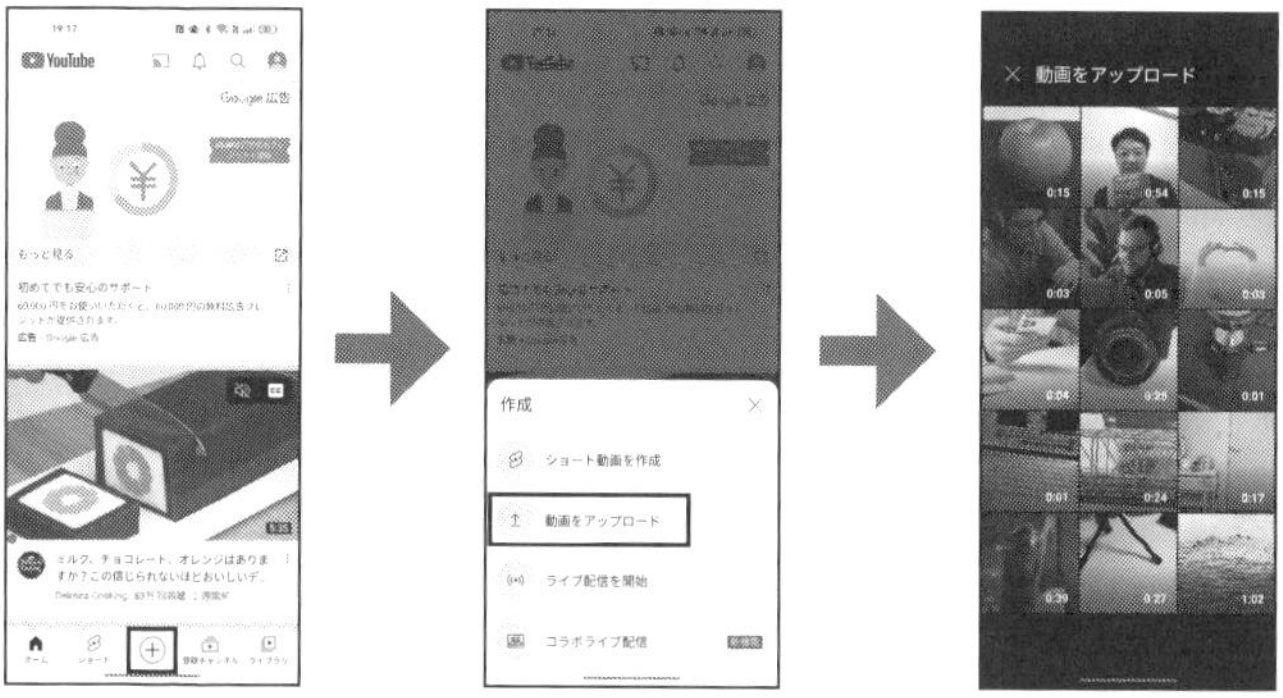

画面1番下の中央にある「＋」ボタンをタップします。次に「動画のアップロード」のメニューをタップします。すると、すでに収録した動画の一覧が表示されるので、アップロードしたい動画のサムネイルをタップします。

②動画の長さなどを編集

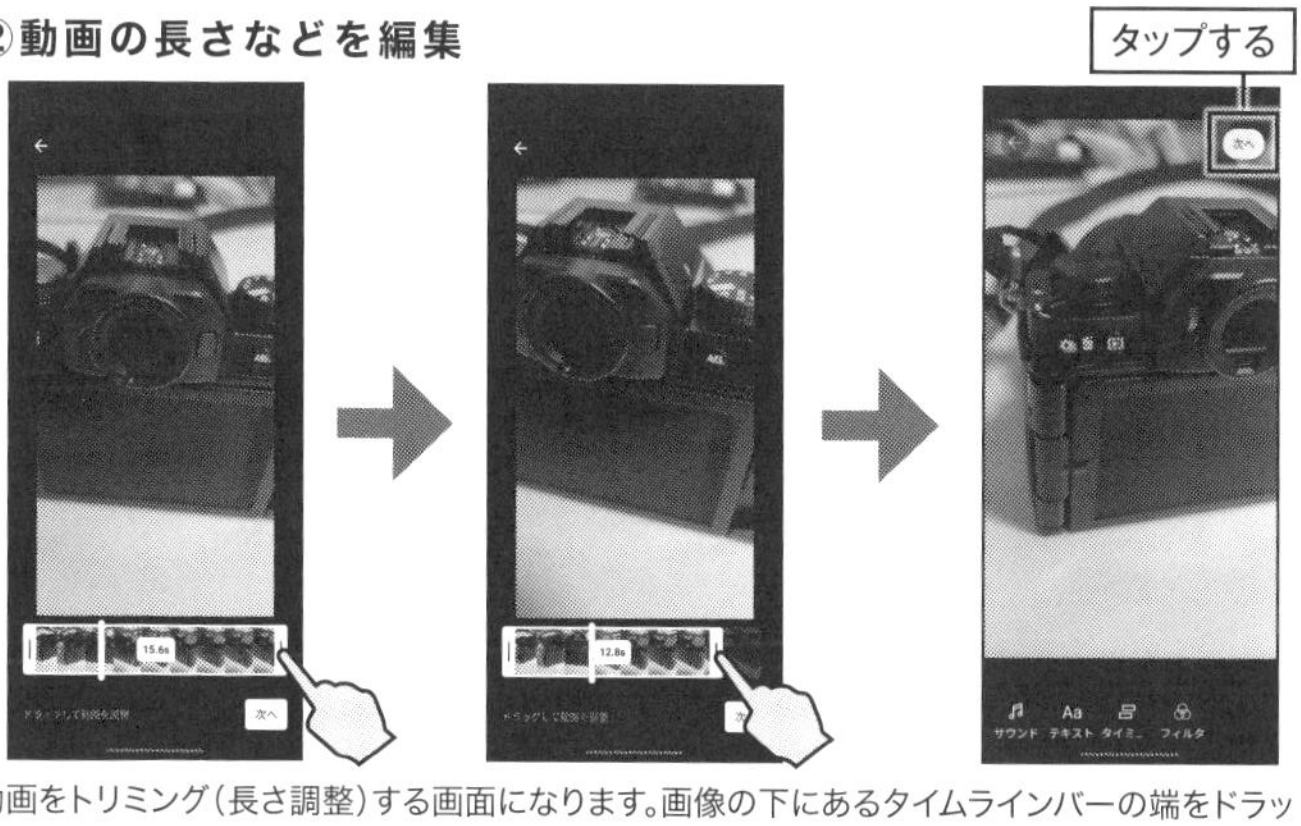

動画をトリミング（長さ調整）する画面になります。画像の下にあるタイムラインバーの端をドラッグして、開始時間と終了時間を調整します。終わったら「次へ」をタップします。
この後テキストやタイトルを設定し、アップロードします（編集・設定方法は「①YouTubeアプリを使う」と同じです）。

パソコンで詳細を設定

タイトルや説明欄の入力などもすべてスマホで行うこともできますが、スマホで文字入力するのに慣れていない方はやりにくいと感じてしまうかもしれません。

パソコンを使える環境ならば、まずスマホで動画を非公開アップロードして、その後パソコンでタイトルなどを入力するという手順でしたらスムーズに行えます。

また、自社のＹｏｕＴｕｂｅチャンネル自体の説明や、その他の細かな設定はパソコンで行った方が断然やりやすいといえます。動画のアップロード以外はパソコンで作業すると決めてしまってもいいかもしれません。

パソコンで動画のタイトルや説明文を変更する場合は「**ＹｏｕＴｕｂｅ Ｓｔｕｄｉｏ**」で行います。ＹｏｕＴｕｂｅから「ＹｏｕＴｕｂｅ Ｓｔｕｄｉｏ」に移り、左の図のように設定を行ってください。

なお、**ＹｏｕＴｕｂｅ Ｓｔｕｄｉｏにはスマホアプリもあります。**アプリでも最小限の機能は利用できるので、スマホにインストールしておくといいでしょう。

パソコンを使う……①
パソコンで細かな設定を行うには？

①YouTube 管理画面（YouTube Studio）へログイン

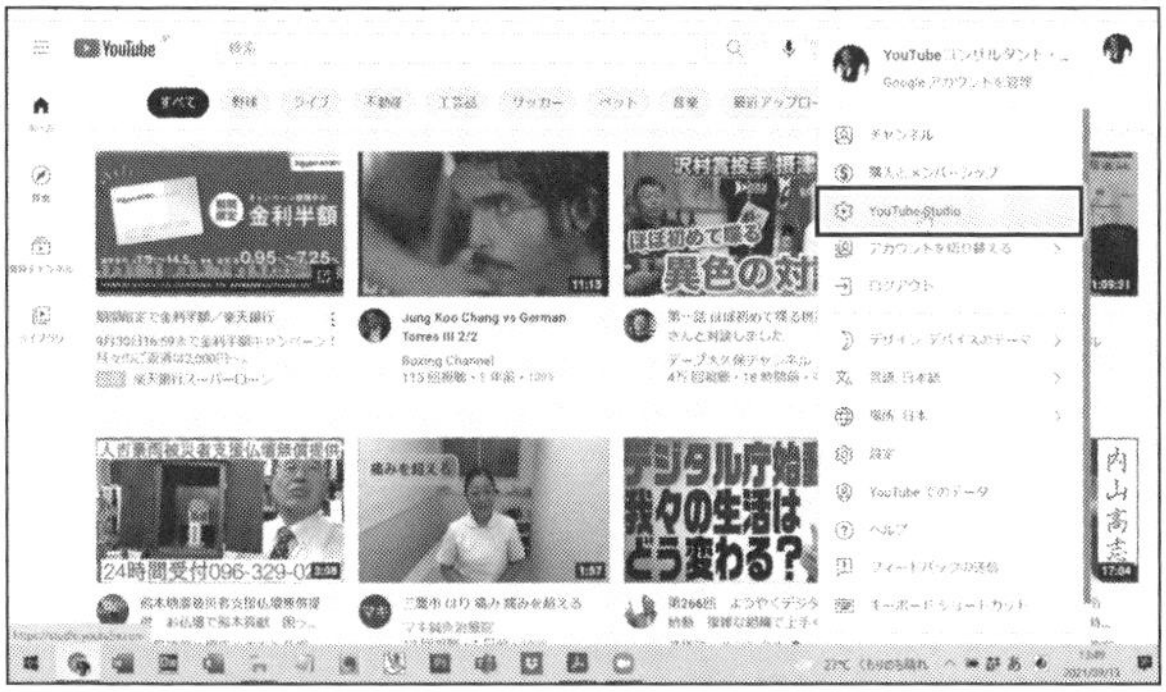

YouTubeの画面上で、右上にある丸い自分のアカウントのアイコンをクリックします。メニューが表示されるので、「YouTube Studio」をクリックします。

②YouTube 管理画面で動画を選択

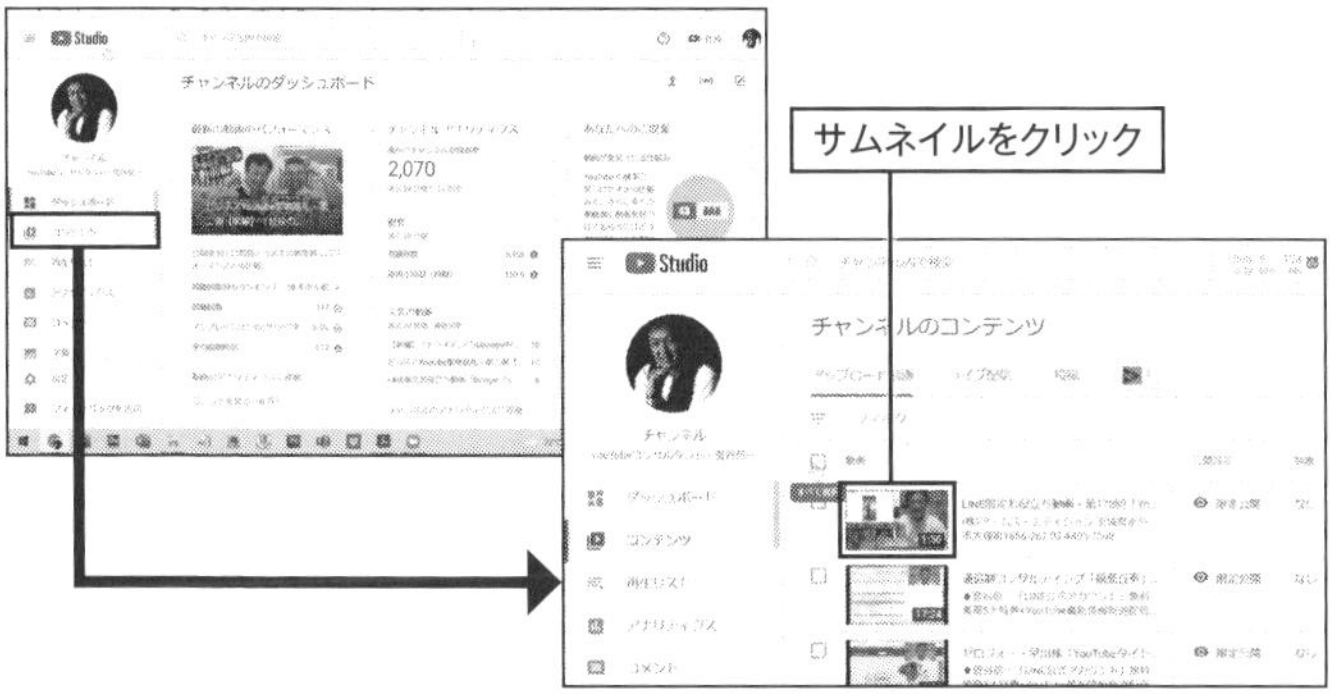

YouTube Studioが表示されました。画面左側のメニューのなかから「コンテンツ」をクリックします。すると、過去に投稿した動画の一覧が表示されます。設定をしたい動画のサムネイルをクリックします。

③タイトル、説明の入力

YouTubeアプリでアップロードした時に設定したタイトルが表示されています。その下には説明欄があります。説明欄には、お客様が問い合わせをするための情報を入力します。会社名や住所、電話番号、定休日、公式サイト（ブログやECサイトもあれば）のURL 、公式LINEアカウントのURLなどを記載します。

④その他の設定

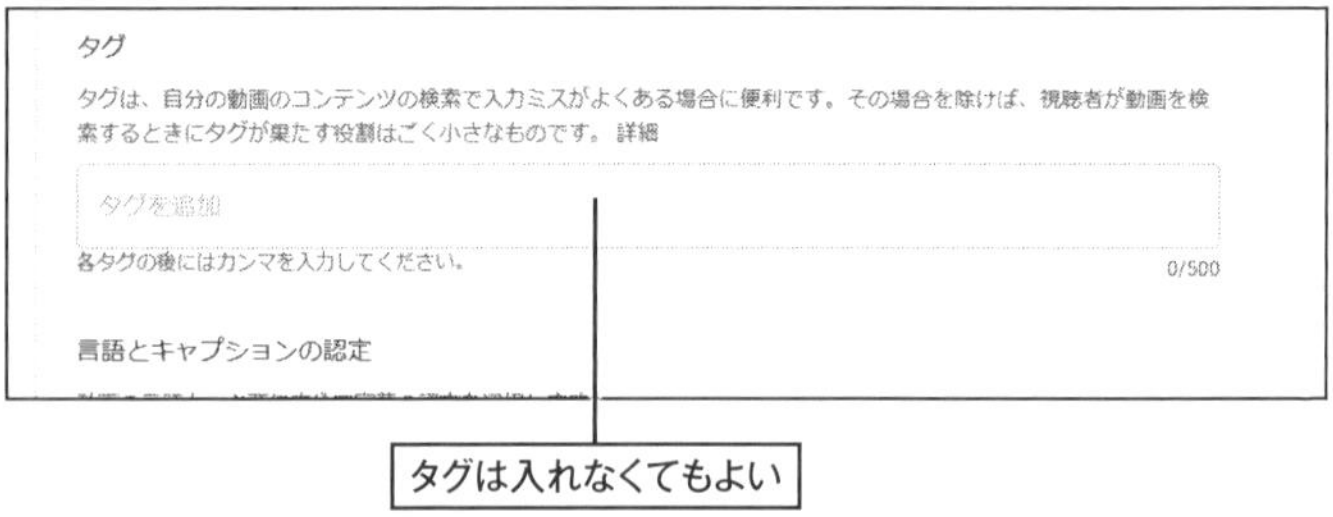

画面下の方には「タグ」の設定があります（表示されていない場合は「すべて表示」の部分をクリックすると表示されます）。以前までは、いくつもの関連キーワードをタグとして入力するのが定石でしたが、最近はあまり効果がなくなっています。結論として、タグは何も入力しなくても大丈夫です。

⑤公開設定を変更する

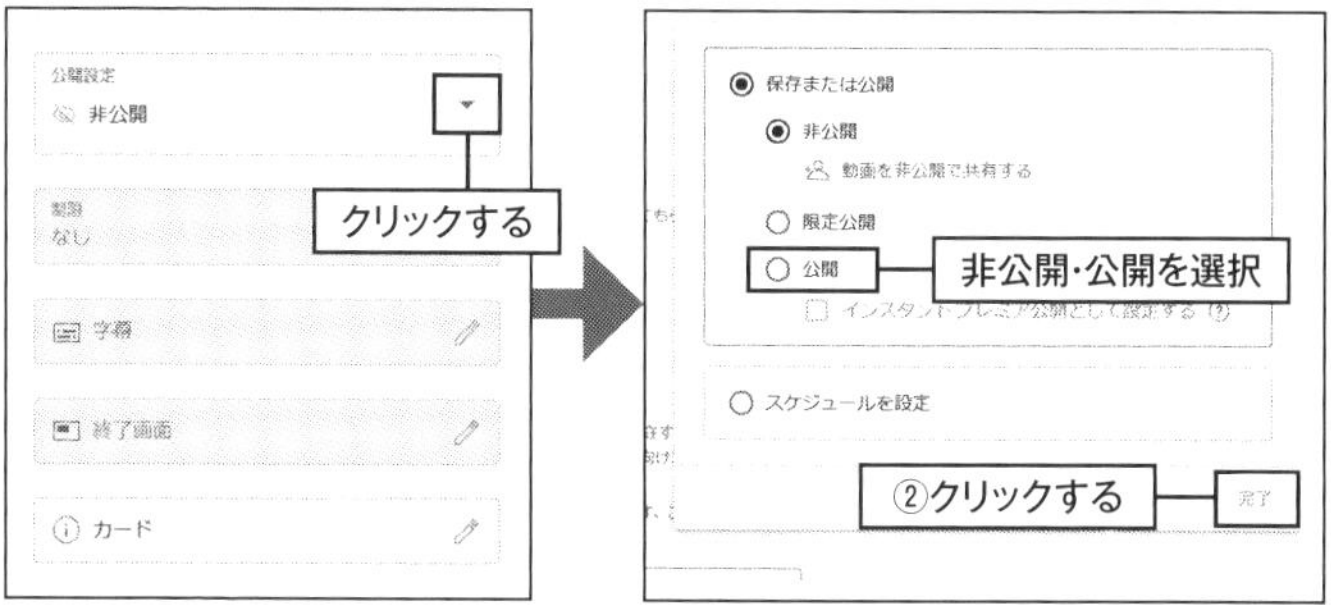

一通り設定が終わったら、画面右側の公開設定をクリックして、「公開」にして「完了」をクリックしましょう。しばらくすると変更した内容が反映されます。

パソコンを使う……②
複数動画の説明欄を一括変更するには？

① YouTube 管理画面で動画を選択

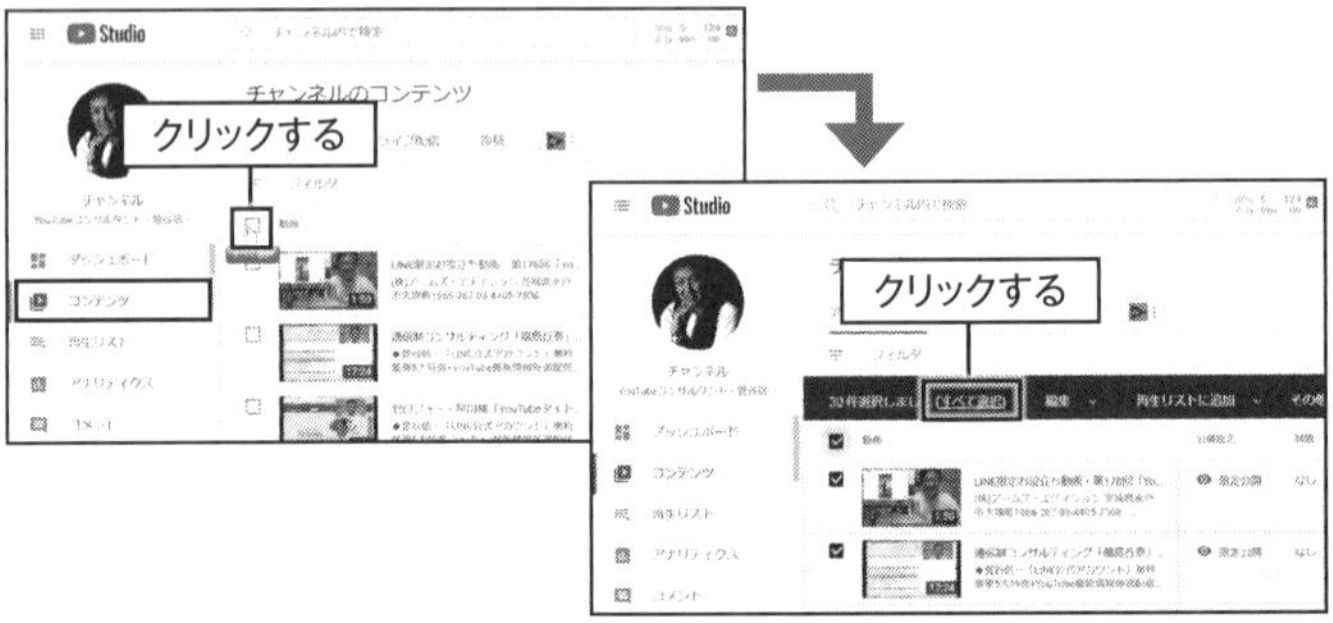

大量に投稿した動画の説明欄を一括変更できます。説明欄は動画ごとに変える必要はなく、すべて同じものでも構いません。したがって、説明欄を後から変えたい時は、投稿済みの動画のすべてに一括して変更を適用するとよいでしょう。
YouTube Sudioの左メニューから「コンテンツ」を選び、動画一覧の左上部にあるチェックボックスをクリックします。すると「○件選択しました（すべて選択）」を表示されるので、「すべて選択」をクリックします。

②説明をクリック

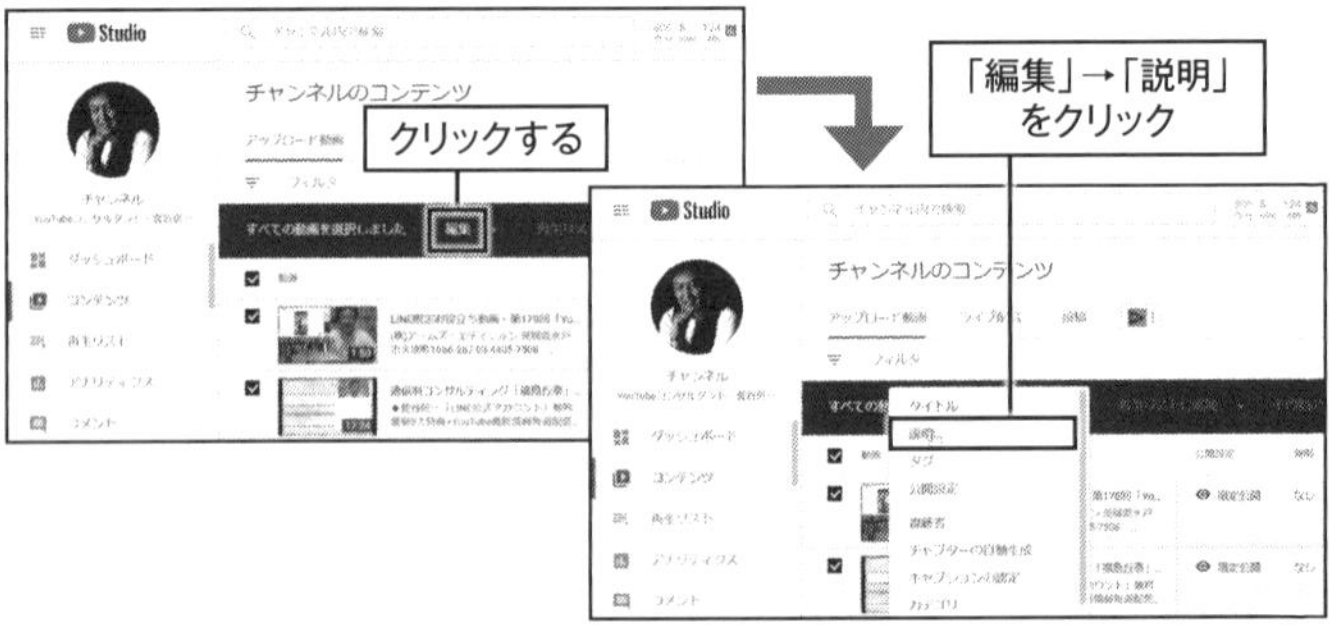

「すべての動画を選択しました」と表示されます。その右側にある「編集」をクリックします。するとメニューが表示されるので「説明」をクリックします。

③説明欄に入力

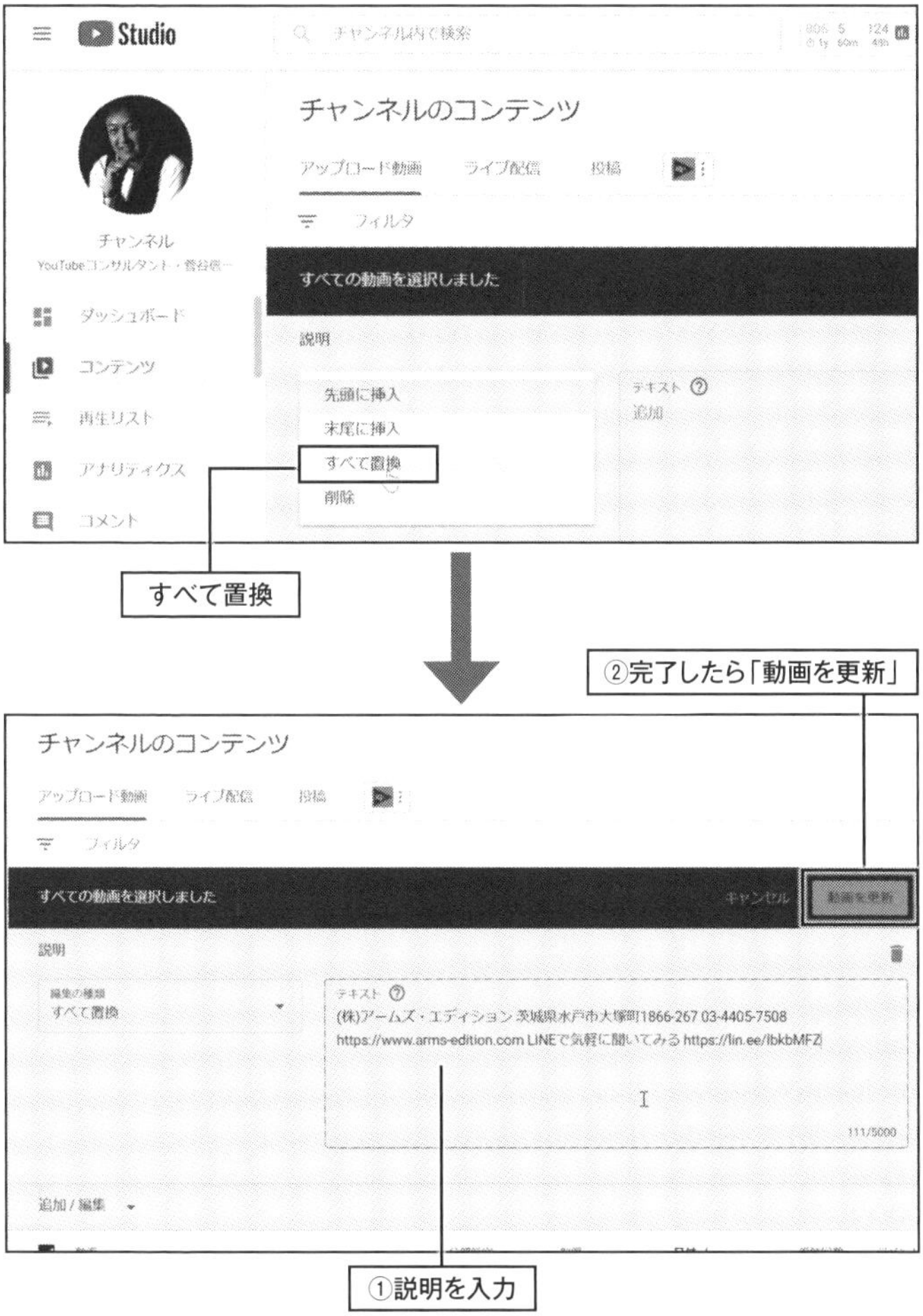

編集の種類のなかで「すべて置換」をクリックします。そして、会社の連絡先や公式サイトなど最新の説明情報を入力します。入力を終えたら、右上の「動画を更新」をクリックします。数分すると、すべての動画に最新の説明欄が反映されます。

継続的な投稿が超重要

過去のビジネスYouTubeの成功者の傾向を見て共通することは、「**継続的な投稿**」をしていることです。

その理由は、Googleによる検索結果の順位決定基準を知れば理解できます。

Google検索において、自社の情報（ホームページ、ブログ、YouTubeなど）がどのような順位で表示されるかは、複雑なアルゴリズム（順位決定基準）により決定されます。

その順位決定基準のなかでも、重要性の高い要素が「情報発信の継続性」です。

たとえば開設後、数年間、全く更新されていないホームページやブログよりも、定期的に更新されているそれをGoogleは高く評価します。いわば、**情報発信者の「勤勉性」をGoogleはきちんと見ているのです。**

それはYouTubeについても同様です。

チャンネル開設後、数年間、全く投稿がされていないYouTubeチャンネルや、継続的に投稿がなされていないYouTubeチャンネルをGoogleが高く評価することはないということです。

継続的な動画投稿は、YouTubeチャンネル自体の価値を高める効果があり、その結果、投稿された大量の動画は、数多くの検索ワードで上位表示を達成することになり、ロングテール戦略にも大きな効果を発揮するのです。

ショート動画と通常動画を各々のチャンネルにて投稿し続ける熊本市の輪島漆器仏壇店は実に6年間に渡り、ほぼ一日もさぼることなく継続的な投稿を実践しているので、荒削りの動画も目立つ中でも、しっかりとGoogleから高い評価を得ているのです。

このようにネットの歴史25年の中で、一貫して変わることのないGoogleの評価基準のひとつを理解することで、私たちはYouTubeを短期間の取り組みではなく、継続的な取り組みであるとあらためて意識しなくてはなりません。

音楽やフィルタを加えてユニークな動画に仕上げる

YouTubeアプリで音楽やフィルタを付けられる

先ほどまでの解説では、テキスト挿入やタイトルの設定など、必要最低限の動画編集方法のみをお伝えしました。

慣れてきたら、音楽やフィルタを加えてユニークな動画に仕上げるのもいいでしょう。音楽やフィルタを付ける作業はYouTubeアプリでショート動画を作成する途中で手軽に行えます。**少し手を加えるだけで、いつもの動画とは少し違った雰囲気を出せます。**

ただし、ロングテールのYouTubeショート戦略で大切なことは、大量の動画を継続的に投稿することです。一つ一つの動画の編集に凝りすぎると大量投稿がおろそかになってしまうので、その点はお気を付けください。

YouTubeアプリで音楽やフィルタを付ける

①「音楽」を付ける

動画を撮影、または撮影した動画を読み込んだら、「サウンド」をタップします。YouTubeのライブラリに収録された音楽や音声クリップが表示され、タップして選ぶと音楽が再生されます。再生された音楽でよければ右向きの矢印をタップします。

②音楽の長さなどを編集

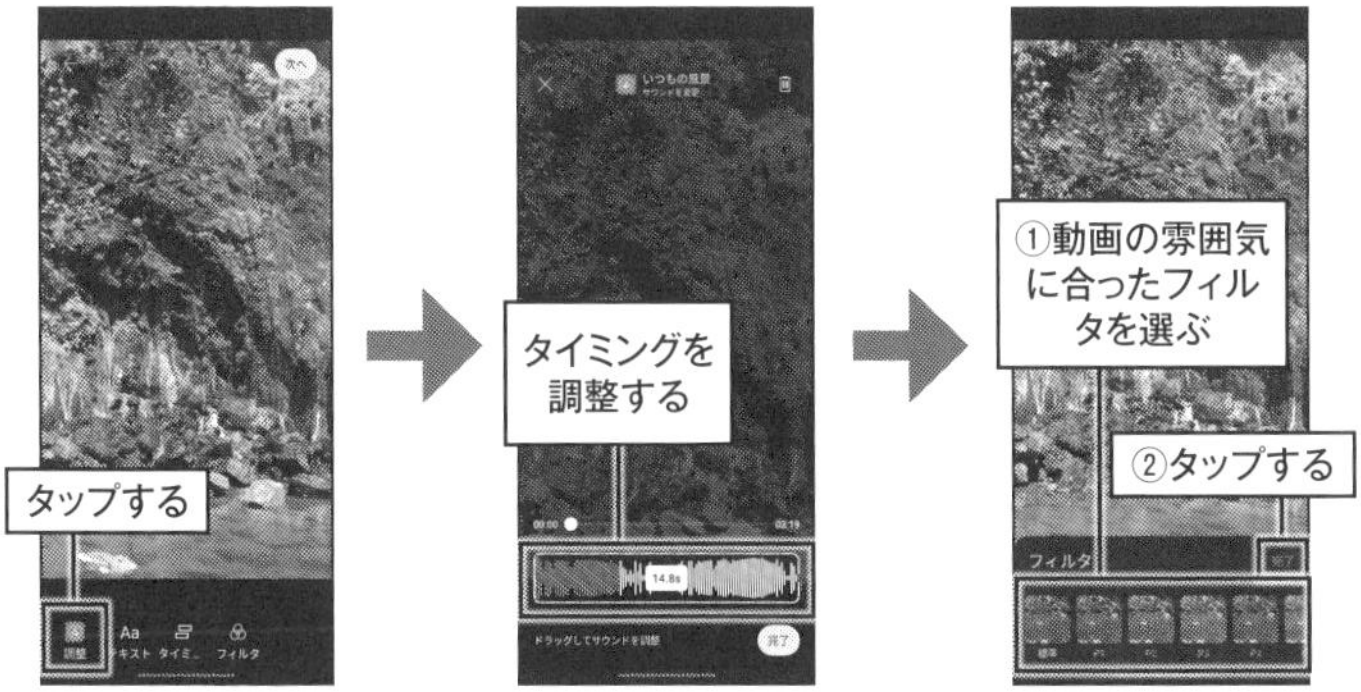

音楽が選択されました。音楽と動画のタイミングを調整したい場合は「調整」をタップ。表示されたバーを左右にずらして調整してください。最後に「完了」をタップすると決定します。
フィルタをタップすると、動画の印象を変えたりコントラストを強調したりするフィルタを適用できます。動画の雰囲気を見ながら選んでください。選んだら「完了」をタップ。その後のタイトル付けなどの工程は前述した通りです。

中小企業のショート動画で使える20個の撮影パターン

いろいろなパターンを活用して大量投稿を！

「大量投稿をしようにも、どんな動画を撮ればいいのか思いつかない！」「うちの会社には見栄えのするような動画の題材がない」と困っている人もいるかもしれません。

そのような方のために、20個の撮影パターンを事例として紹介します。

これらを一つずつ撮影するだけでも、20本の動画を作成できてしまいます。もちろん、1パターンにつき何本もの動画を撮れば、1万本を超える大量投稿も夢ではありません。

ぜひここに挙げたパターンを参考にしてください。動画の内容だけでなく、タイトルの付け方、説明文の書き方、画面内へのテキストの挿入なども参考になります。

①商品紹介

ヤマモトスポーツ

https://www.youtube.com/shorts/pjAXU1UJ5-E

商品のラインナップが豊富なビジネスの場合、**一つ一つを手に取ってその特徴やメリットを紹介する**といった撮影パターンが考えられます。また、商品をさまざまな角度から撮影するだけでも一つの動画になりそうです。

主に小売業で、商品アイテム数が多いビジネスに向いている撮影パターンといえます。

たとえば自動車販売会社などは1台1台撮影できますし、外観・内装・エンジンルームなどさまざまな部位ごとに撮影すれば、1台でも数本の動画を撮ることができます。

東海地区では圧倒的1位である７００個のグローブの在庫があるヤマモトスポーツさん

も商品を一つ一つ丁寧に解説する動画をよく投稿しています。

②サービス紹介

株式会社
TOSAMACHINE

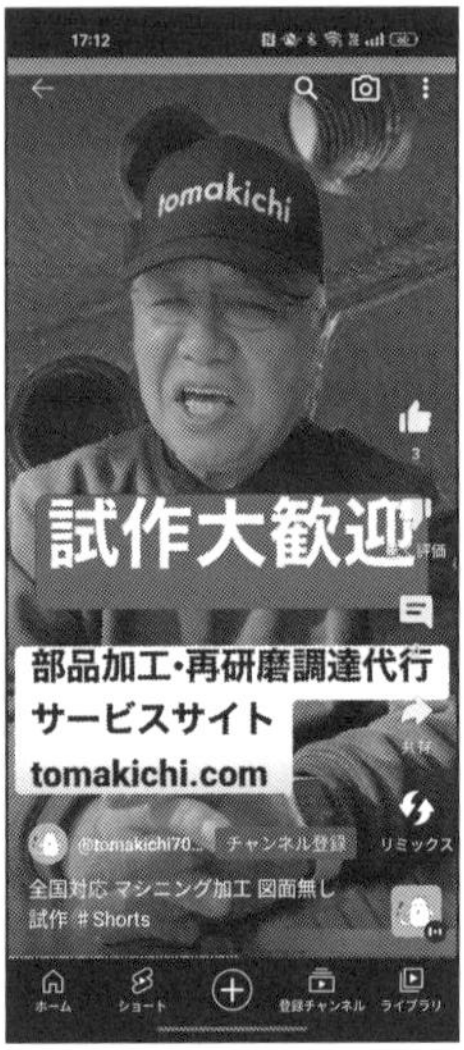

https://www.youtube.com/shorts/qUVKexC4HfE

販売している商品が「物」ではなく「サービス」の場合は、撮影するモチーフがないことも多いです。そのような場合は、社長などが**一つ一つのサービスを説明する動画を撮ってみる**とよいでしょう。

この事例のTOSAMACHINEさんは、製造業のお客様に向けて部品加工や研磨サービスを提供したり、機械や工具を販売したりしている会社です。

動画では社長が自ら研磨サービスの内容について説明しています。そのうえで、「試作大歓迎」「部品加工・再研磨調達代行tomakichi.com」とテキストを挿入し、自社サイトへの誘導を行っています。

コンサルティング業、税理士・弁護士など形のないサービスを販売している会社はこれと同様に、サービス内容を説明する動画を撮るとよいでしょう。

③現場紹介

株式会社
しらかわ工芸社

https://www.youtube.com/shorts/pjAXU1UJ5-E

建設会社や塗装会社、電気工事業など、**現場での作業が多い会社は現場紹介動画が有効**

です。事例のしらかわ工芸社さんも塗装会社です。

三脚などを使ってカメラを固定し、職人さんの作業を撮影しています。ヘルメットに「ゴープロ」などの小型のカメラを付けて撮影するのも面白いかもしれません。

塗装と一口にいっても、足場の設置、高圧洗浄、下地処理、養生、下塗り、上塗り、完了検査、足場解体……とさまざまな工程があります。それらを一つ一つ撮影すれば、複数パターンができあがります。さらに住宅、店舗、ビルなど、塗装現場はいろいろありますから、現場×工程で無数のパターンが題材になります。

なお、お客様に迷惑がかからないように、事前に撮影の承諾を得たり、現場が特定できないよう画角を配慮したりといった注意は必要です。

④材料・素材紹介

三浦製材株式会社

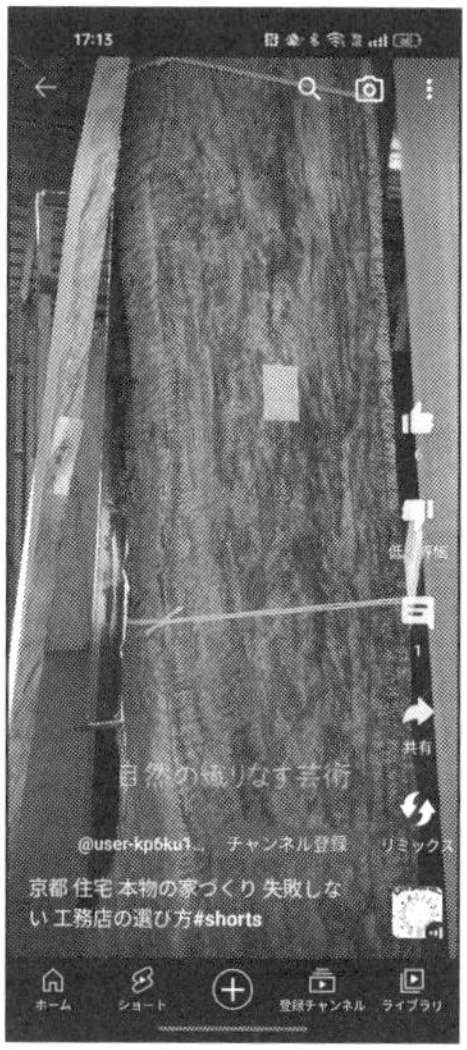

https://www.youtube.com/shorts/UR10YY7wiEY

製造業、建設関係など、材料を用いてものづくりをしている業界の方は、**自社が使っている材料・素材の紹介動画**を撮ってみましょう。「確かな素材を使っている」ことのアピールになります。

この三浦製材さんは京都原産の木を使って住宅を建築しています。素材にこだわりのある会社ですから、ＹｏｕＴｕｂｅショートでも一つ一つの素材を題材に、その特徴などを説明しています。

⑤設備・機械・道具紹介

有限会社
平ゴム工業所

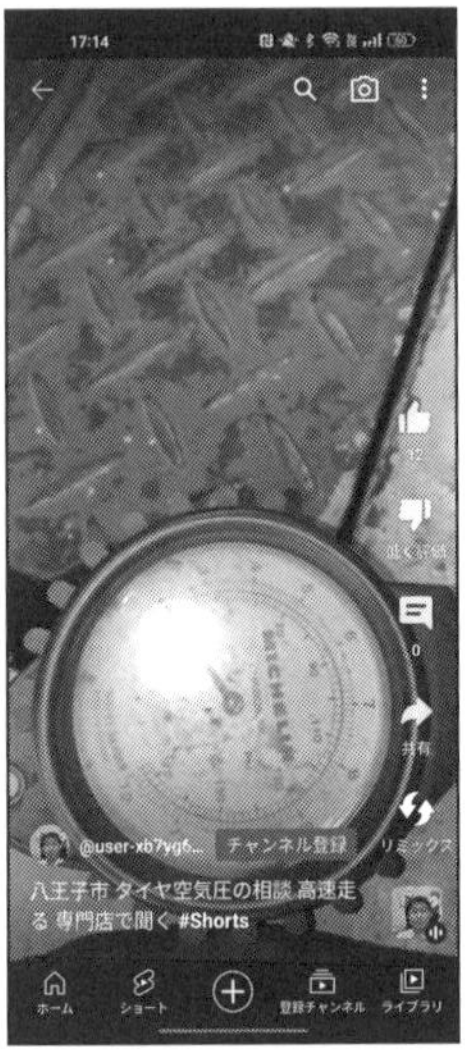

https:// www.youtube.com/shorts/fHNv2FNowts

製造業、修理業、設備業、建設業、医療関係など、**幅広いビジネスに使える撮影パターンが設備・機械・道具の紹介**です。

どのような業種でも、その業種特有の設備・機械・道具・ソフトウェアを利用しているはずです。きちんとした設備、最新鋭の機械、こだわりの道具を使用することで、価値の高い商品・サービスを提供できることを動画でアピールしましょう。

事例の平ゴム工業所さんは、タイヤの販売・取り付けを行っている会社です。動画では、タイヤ空気圧測定器を使って正確な空気圧でタイヤを取り付けていることを説明しています。

製造業なら、特定の設備・機械を持っていることが高度な加工技術を持つことの証明になります。実際にショート動画で最新設備を紹介したことで大型受注につながったという事例もあります。

⑥物件紹介

株式会社
ワールドウィン

https://www.youtube.com/shorts/dRwH8LUh9xA

不動産や建築関係に適した撮影パターンが物件紹介です。お客様は実際に現場に行かなくても、動画を見るだけで物件の概要をおおまかに把握できます。

物件の外部・外構、室内、設備、周辺環境など、一つの物件について複数の動画を撮影することで大量投稿を行いましょう。

⑦単独インタビュー

有限会社
輪島漆器仏壇店

https://www.youtube.com/shorts/nmlEMyAFC7w

輪島漆器仏壇店さんでは社長自らカメラの前に立ち、1日数本の動画を撮っています。

話すことは、「今日の抱負」「日々心がけていること」「最近の出来事」など、非常に短い内容になっています。**ひと言話すだけでいい**わけですから、持続可能性の高い撮影パターンといえます。

少人数の会社であれば、社長・社員一人ひとりが主役となり、カメラの前に立つことが大切です。人数が多い会社であれば、持ち回り制にして仕事の抱負などを語ってもらうといいでしょう。

話すテーマとしては、「今日の仕事の内容」「仕事をしていて感じるやりがい」「個人の仕事上での目標」「これからの夢」「プライベートではまっていること」など、いろいろ考えられます。

⑧対談・グループインタビュー

ハングる教室むん

https://www.youtube.com/shorts/BjQdTG517wQ

グループインタビューやミーティング、対談などを撮影し、それを1分以内に分割するパターンです。複数人で一つのテーマについて議論することで話が弾み、結果、大量の動画を作成できるというメリットがあります。

この事例の「ハングる教室むん」さんは韓国語の教室です。ＺＯＯＭで行ったグループレッスンの様子をショート動画に仕立て直しています。

社内で参加できるスタッフが複数いる場合には、このように対談やグループ形式でいくつかのテーマについて語り合ってみるといいでしょう。テーマは「わが社の強み」「新商品の特徴」「お客様から言われてうれしかったひと言」などポジティブなものが理想です。

⑨製造プロセス紹介

家具工房ZEROSSO

https://www.youtube.com/shorts/fm3Ol-GnoUgv

製造業と相性のいい撮影パターンが製造プロセス紹介です。

事例は、小型の仏壇などの家具を製造販売している家具工房ZEROSSO（ゼロッソ）さん。商品が完成に至るまでの一つ一つの工程やパーツをショート動画で解説しています。外側からはわからないこだわり、見えない部分の丁寧な仕事ぶり、職人の優れた技術などをアピールできます。

また、節電や廃棄物の削減など、環境負荷の低い製造プロセスを取り入れている点も動画の題材として使えます。

⑩社内活動（地域貢献ほか）の報告

有限会社夢工房

https://www.youtube.com/shorts/9z5exTN6pwQ

社会・地域貢献活動、ボランティア活動、地域交流、勉強会など、**自社の本業とは異なる活動について報告するパターン**です。その会社がどんなことを大切にしているのか知ることができます。

事例は、鈑金塗装の専門店である有限会社夢工房さんの動画です。

同社の大嶋社長は歴史に関心があり、経営者仲間に向けてオンラインで「偉人に学ぶ会」を主催しています。このショート動画ではその学んだ内容を簡潔にまとめて解説しています。本業とは直接関係のない内容ですが、社長の人柄や理念が表れた動画となっています。

◀ ⑪業界最新情報

りこう堂

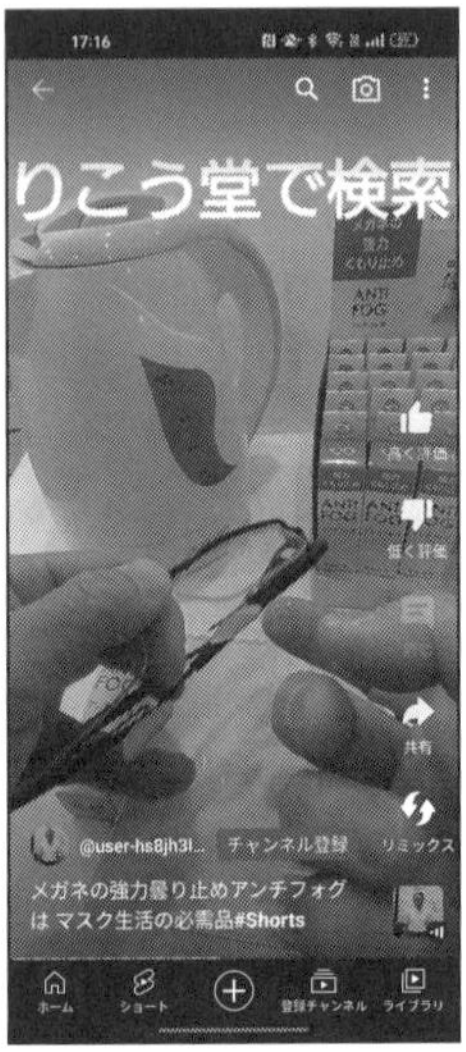

https://www.youtube.com/shorts/V3Fr2KB9obY

業界のトレンド、業界をにぎわすような大きな出来事など、**最新の業界動向を解説するパターン**です。その業界にいるプロにしかわからない情報をお伝えすることで、お客様に信頼感や安心感を持ってもらえます。

事例は、時計やメガネの販売・修理を行っているりこう堂さんの動画です。「マスクのせいでメガネが曇る」という悩みを解決する、強力な曇り留めの新製品が登場したことを紹介しています。この他にも、流行している商品の紹介や、最新の加工技術の紹介などが考えられます。

⑫豆知識

Body・メソッド

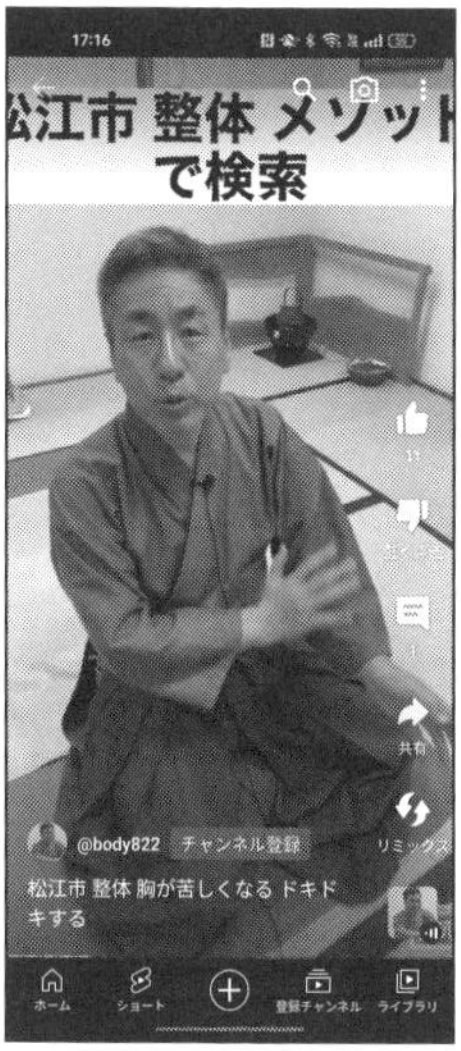

https://www.youtube.com/shorts/AyOCamYS70I

専門の知識やノウハウを使い、形のないサービスを提供している方は、**専門家にしかわからない知識・ワンポイントを紹介する**とよいでしょう。豆知識だけでも見る人にとっては役に立ちますし、それが店舗や会社に対する信頼感につながります。

事例は、整体院のＢｏｄｙ・メソッドさんの動画です。自分一人でできる、体の不調の改善方法を日々精力的にショート動画で紹介しています。

次に私の動画も挙げました。「１分間の動画が持つ情報伝達量は、１分間のニュース原稿の４５００倍」といったことを説明しています。「自社の業界に関連するデータ」も動画パターンになるということです。その他には、自社の業界に関連した「人気の〇〇トップ10」「難しい用語の解説」なども考えられます。

https://youtube.com/shorts/JQxhrB2-HQc

⑬お客様の声

笑いと健康の研究所

https://www.youtube.com/shorts/d9T82mOsFSk

お客様にレンズを向けて、自社の商品・サービスについての感想を語っていただくという内容です。

事例は、ラフターヨガの専門家「笑いと健康の研究所」さんの動画です。代表の和田さんは笑いヨガのイベントを定期的に開催し、参加者にひと言感想を語ってもらい、それをショート動画として活用しています。

自分で自分のビジネスのことを語るよりも、第三者から自社の良さを語ってもらう方が、信頼感や信憑性が増します。

たったひと言、10秒足らずでも十分なわけですから、抵抗感なく話してくれる人も多いはずです。ぜひお客様に依頼して「お客様の声」を撮影してみてください。

⑭質問回答

リフォなび（一般社団法人リフォーム住宅設備協会）

https://www.youtube.com/shorts/AoTK1SoPYgg

業務の中で、**お客様からよくいただく質問とその回答を動画にする**というパターンです。

普段から質問される機会が多い方は、その内容をメモしておき、ショート動画で回答しましょう。

事例は「リフォなび」さんの動画です。「リフォーム金額を抑えるためのポイントは?」

という質問について、専門知識を生かして回答しています。

メールなどで質問をいただいたら、その回答を動画で収録し、動画のURLを相手に送るというやり方もおすすめです。お客様には「自分のためにわざわざ動画で回答してくれた」と感じていただけます。

⑮事例解説

株式会社
イチハシスタジオ

https://www.youtube.com/shorts/d_GDT744_KM

自社が作った物件、携わった案件を、一つ一つ解説していく撮影パターンです。

このイチハシスタジオさんは看板製作業を営んでいます。動画では、「今回作った、この唐揚げ屋さんの入り口上部にあるパネルは……」といったかたちで、製作事例を紹介しています。

製作にあたって、どのような背景があったのか、お客様からどのようなご要望があったのか、製作者としての留意点などを丁寧に紹介することは、他のお客様の参考になりますし、自社の技術やこだわりをアピールできます。

一つの事例につき複数の角度から紹介することで、動画の大量投稿につなげることも可能です。

⑯理念解説

セレモニーいおり

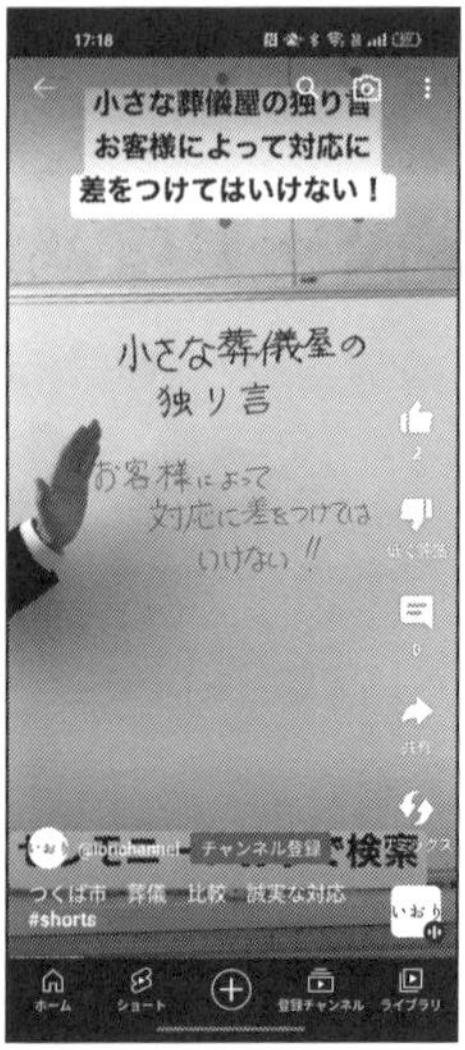

https://www.youtube.com/shorts/cT5h3dALJ00

経営者が持つ理念、方針、ビジョン、仕事上の心がけなどを語る撮影パターンです。

事例は葬儀会社の「セレモニーいおり」さんの動画です。この動画では、「小さな葬儀屋の独り言」というテーマで、仕事をする上での理念について語っています。代表の大塚さんは理念や方針などのテーマで連日3本から4本の動画を継続的に投稿しています。

いわゆる「企業理念」というと、一文で表現するものがほとんどですが、その理念をいろいろなシーンに当てはめて、いろいろな角度から解説すれば、複数の動画を作成できます。

理念の紹介は、業種問わず人材採用目的の動画投稿にも向いた撮影パターンといえます。

経営者だけでなく、社員一人ひとりがどのような心がけや考え方で仕事をしているのかを語ってもらうことで、会社の雰囲気を伝えられます。

⑰カタログ紹介

アプローズバレエ

https://www.youtube.com/shorts/YVox0Kmh_QU

商社やECサイトなどでは、多彩な商品を扱っているものの、現物が手元にない（在庫を持たない）ケースは多いと思います。そのような業態に有効な撮影パターンが、**カタログを使って商品紹介する**というものです。

事例は、アメリカでバレエ用品を販売しているアプローズバレエさんです。ウェブ上の商品カタログを動画にして、たくさんの商品ラインナップがあることをアピールしています。

⑱スライドショー

柴垣グリーンテック

https://www.youtube.com/shorts/SUBtf653200

動画を撮るのを忘れていた、あるいはいろいろな事情があって動画を撮影できない、しかし写真は手元にある（これから撮影できる）といったケースでは、**スライドショー形式の動画**が有効です。

たとえば建設会社などは施工事例としてたくさんの写真を残しているはずです。これを組み合わせてショート動画にします（作り方は第5章で解説します）。

右の事例はエクステリア業の柴垣グリーンテックさん。過去に手掛けた施工例の豊富な写真をもとにスライドショー動画を作成しています。

⑲お得情報

analog noi

https://www.youtube.com/shorts/jzQ5uEMJ-2c

キャンペーンや新商品入荷、初回特典など、お得な情報がある場合もＹｏｕＴｕｂｅショート動画が効果的です。小売業であればセールの案内もできます。

右の事例は美容室「ａｎａｌｏｇ ｎｏｉ」さんです。初回特別料金で新規顧客をつかみ、その後のリピートにつなげようという作戦です。

⑳採用情報

有限会社
HAPPY ISLAND
（GGC グループ）

https://www.youtube.com/shorts/SUBtf653200

YouTubeショートを採用活動にも活用するパターンです。

たとえばこの事例のように現場にレンズを向けて、実際の仕事の様子を紹介します。写真と文字だけではなかなかわかりづらい、働く従業員の人柄、社内の雰囲気も、動画なら伝えられます。

このようなYouTubeショート動画を継続的に投稿することで、YouTube検索やGoogle検索の上位に情報が表示され、多くの求職者・学生の目に留まります。

そしてYouTubeショートを通して仕事内容や社内の雰囲気をしっかりと理解した人材が応募してきてくれます。そのためミスマッチがなく、短期離職の可能性が低い人材採用を実現できます。

得意パターンを見つけるのが大量投稿の第一歩

以上、20個の撮影パターンを紹介してきました。この20個すべてのパターンが、どんな業種にも当てはまるわけではありません。各パターンと相性のいい業種もあれば悪い業種もあります。

しかし、どの会社でもいくつかは、「**これならうちでも撮影できそう**」「**自社にも素材がありそう**」というパターンがあったのではないでしょうか。自社にとって得意なパターンが3、4個あれば、それだけで大量投稿が実現可能です。なかには、ほとんど一つのパターンだけで大量投稿している会社もあります。

ぜひ参考にできそうな撮影パターンの動画にアクセスし、その会社の他の動画も含めて確認してみてください。そして自社の動画撮影の参考にしてください。

五章

CHAPTER 05

YouTubeショートを10倍加速させるアプリ活用と拡散方法

YouTube Short Movie Business Revolution!!!!

「CapCut」でショート動画編集もここまでできる！

少し高度な編集も可能に

YouTubeショートアプリよりも少し高度な編集をしたい時に使える無料の動画編集アプリが**「CapCut（キャップカット）」**です。TikTokを運営しているバイトダンスが提供しています。

TikTok用のアプリですが、YouTubeショートにも利用できます。**YouTubeアプリの動画編集機能よりも高機能であり、かつ複雑すぎない点が魅力といえます。**

CapCutにはチュートリアルも豊富に用意されているので操作方法もすぐに習得できるはずです。ここでは基本的な機能を使った動画制作を解説します。

なおCapCutアプリの編集機能で用意されている無料音源は、YouTubeにアップロードする際には利用できないのでご注意ください。

CapCutを使った動画作成

①動画を取り込む

アプリを起動し、「新しいプロジェクト」をタップします。次の画面で、すでに撮影した動画が表示されるので選択してから「追加」をタップします。動画は一つだけでなく複数選択できます。なお、最初の画面で「カメラ」をタップすれば、CapCutアプリで撮影もできます。

②動画編集を始める

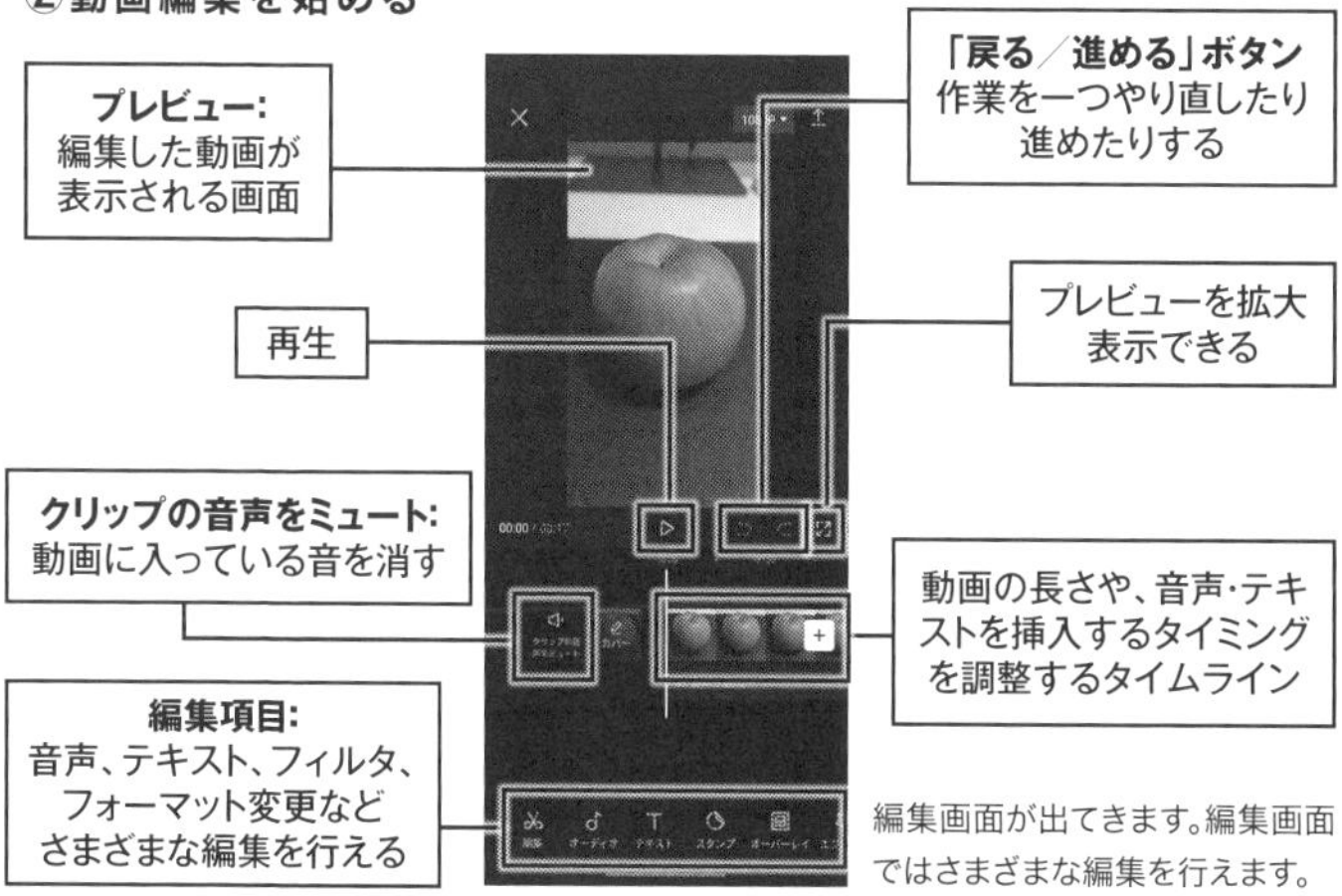

編集画面が出てきます。編集画面ではさまざまな編集を行えます。

③動画の長さをカットする

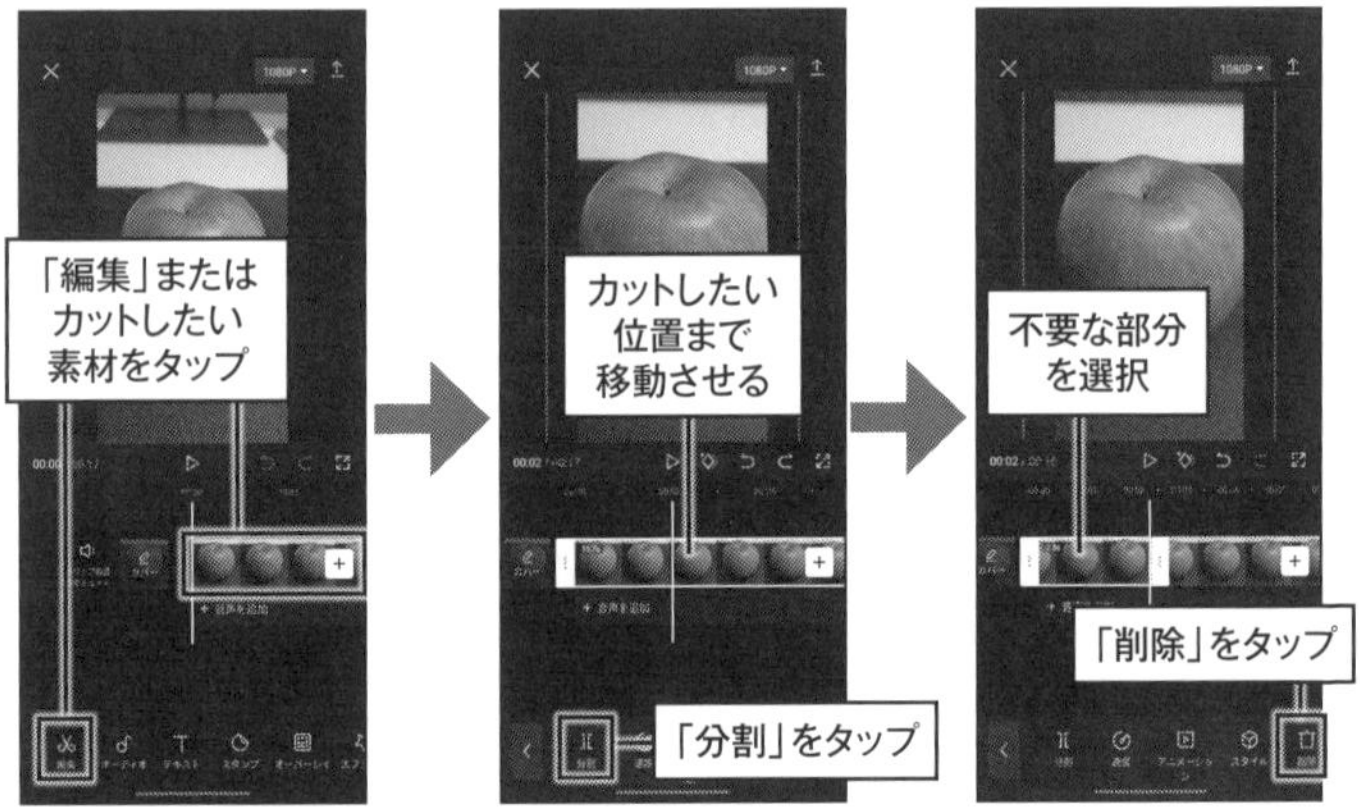

動画内にある余計な部分をカットしたい場合は「編集」をタップ。タイムラインにある動画を左右に移動させ、カットしたいところで「分割」をタップ。動画が分割されるので、不要な方を選んで「削除」をタップします。

④動画にテキストを挿入する

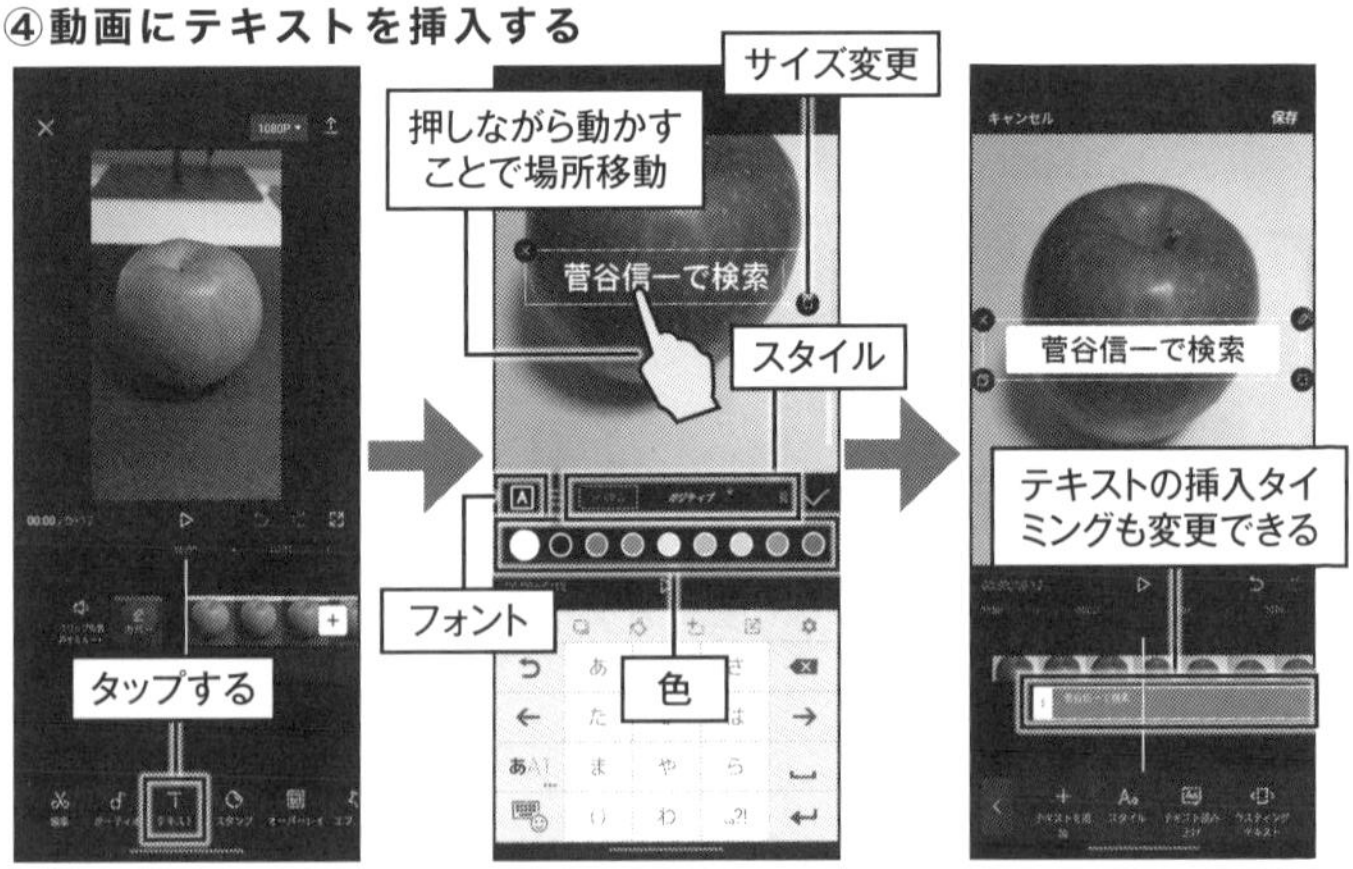

動画にテキストを挿入したい場合は「テキスト」をタップします。テキストを挿入し、フォント（書体）や色、スタイル、サイズなどを調整します。最後に「✓」をタップします。編集画面に戻ると、テキストの挿入タイミングを変更できます。「テキスト読み上げ」機能で、挿入したテキストを自動音声に読み上げさせることもできます。

⑤動画を書き出してYouTube へのアップロード

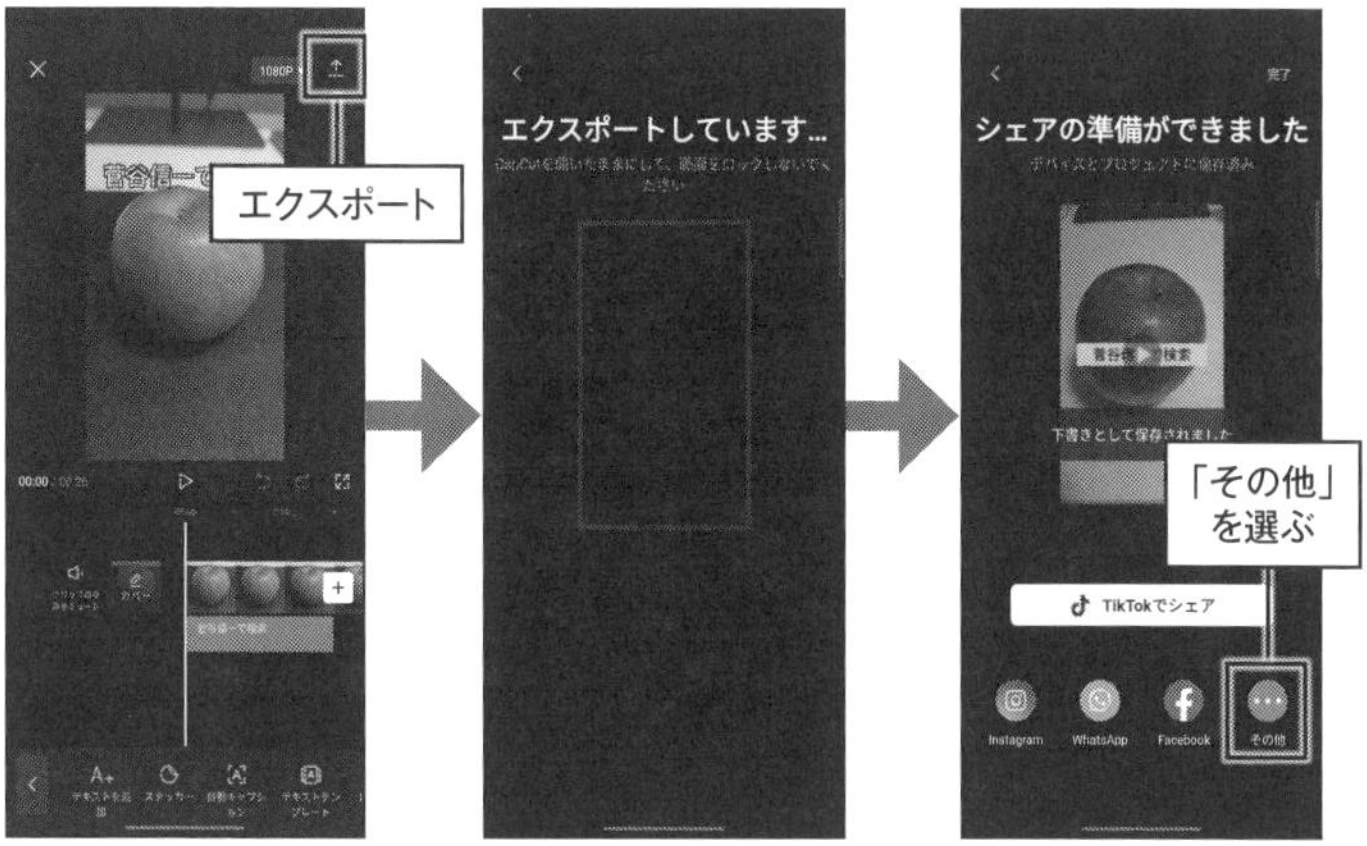

すべての動画編集が終わったら、右上の書き出しボタンをタップします。書き出しが終わると、「シェアの準備ができました」と表示されるので、「その他」をタップします。

選択項目のなかにYouTubeが出てくるので、これをタップします。すると自動的にYouTubeアプリが起動します。後の設定はすでに4章の126ページ～で説明した通りです。

「VLLO」アプリで写真素材を活用したスライドショー動画を作る

写真を組み合わせてスライドショーを作る

YouTubeアプリよりも高度な動画編集を行える無料アプリ（有料機能もあり）が**「VLLO（ブロ）」**です。編集アプリとしてはCapCutよりもやや高機能です。実際に触ってみて使いやすい方を選べばいいでしょう。

VLLOの特徴の一つが、スライドショーの作成を簡単にできることです。CapCutでもできますが、VLLOの方がより細かく設定できます。また、**用意されている音楽が著作権フリーなのでYouTubeショート用にも安心して使えます。**

ここでは、VLLOを使ったYouTubeショート向けスライドショー動画の作成方法を説明します。

VLLOを使ったスライドショー作成

①写真を選択する

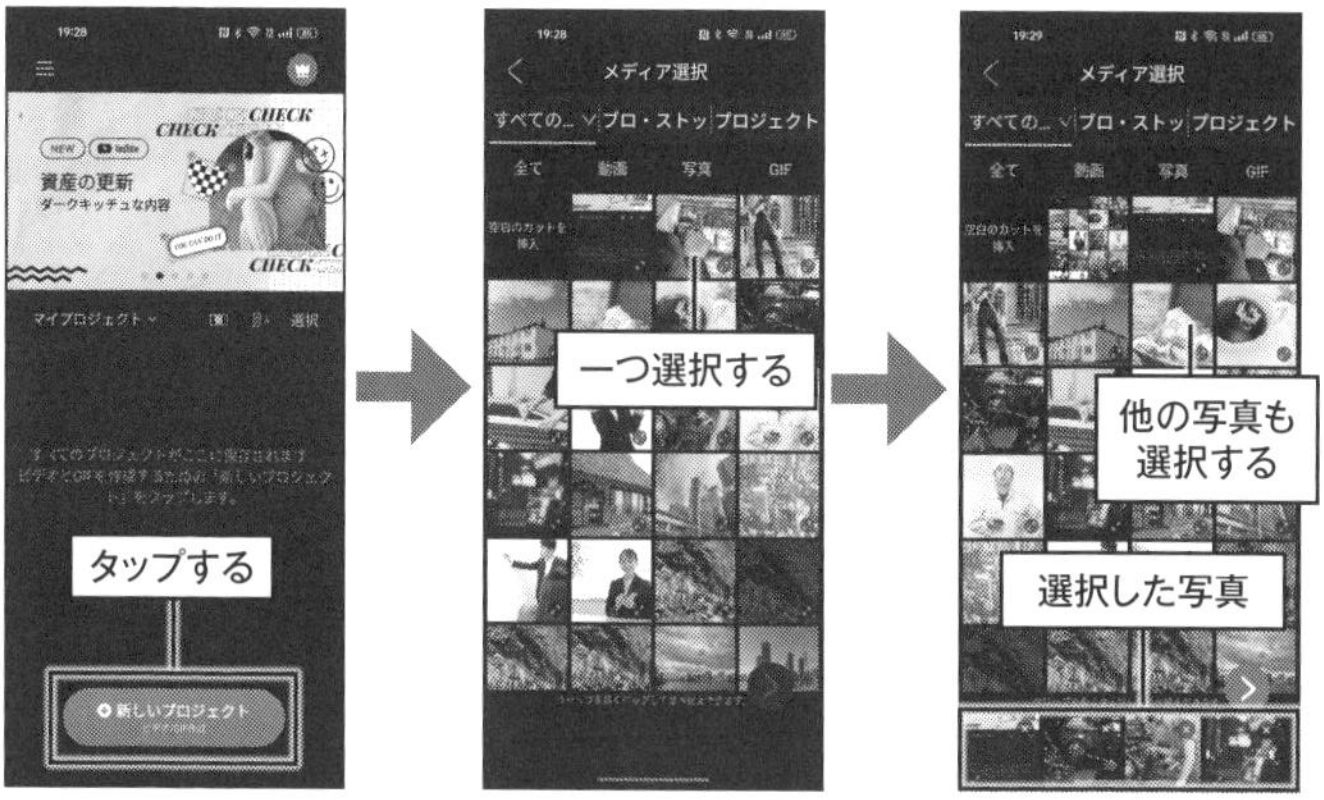

アプリを起動し、「新しいプロジェクト」をタップします。次の画面で、「写真」のタブをタップして、スライドショーにしたい写真を1枚選択。続けてその他の写真も選択して、選び終わったら右矢印をタップします。

②スライドショーの設定を行う

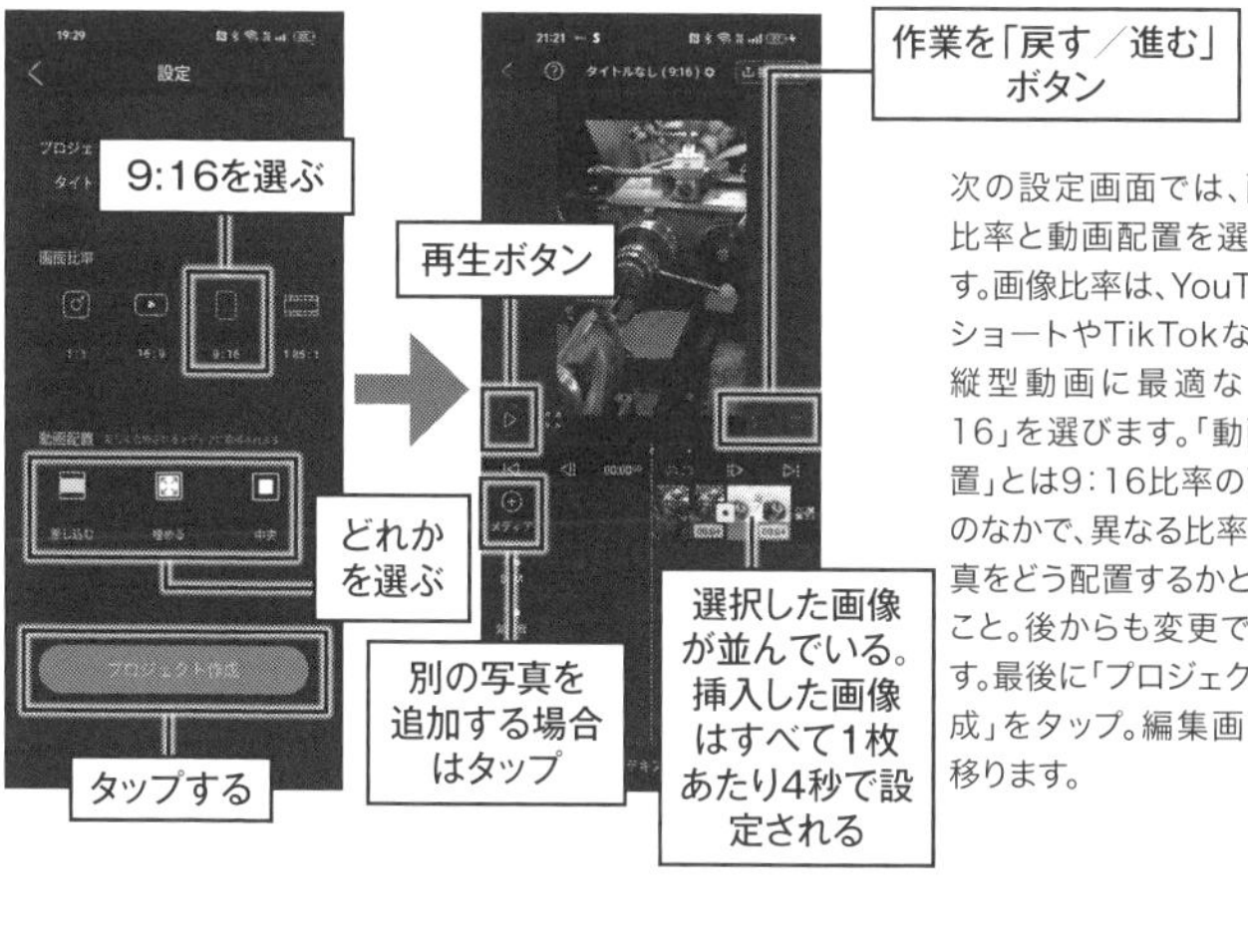

次の設定画面では、画像比率と動画配置を選びます。画像比率は、YouTubeショートやTikTokなどの縦型動画に最適な「9:16」を選びます。「動画配置」とは9:16比率の画面のなかで、異なる比率の写真をどう配置するかということ。後からも変更できます。最後に「プロジェクト作成」をタップ。編集画面に移ります。

③写真の表示時間を調整

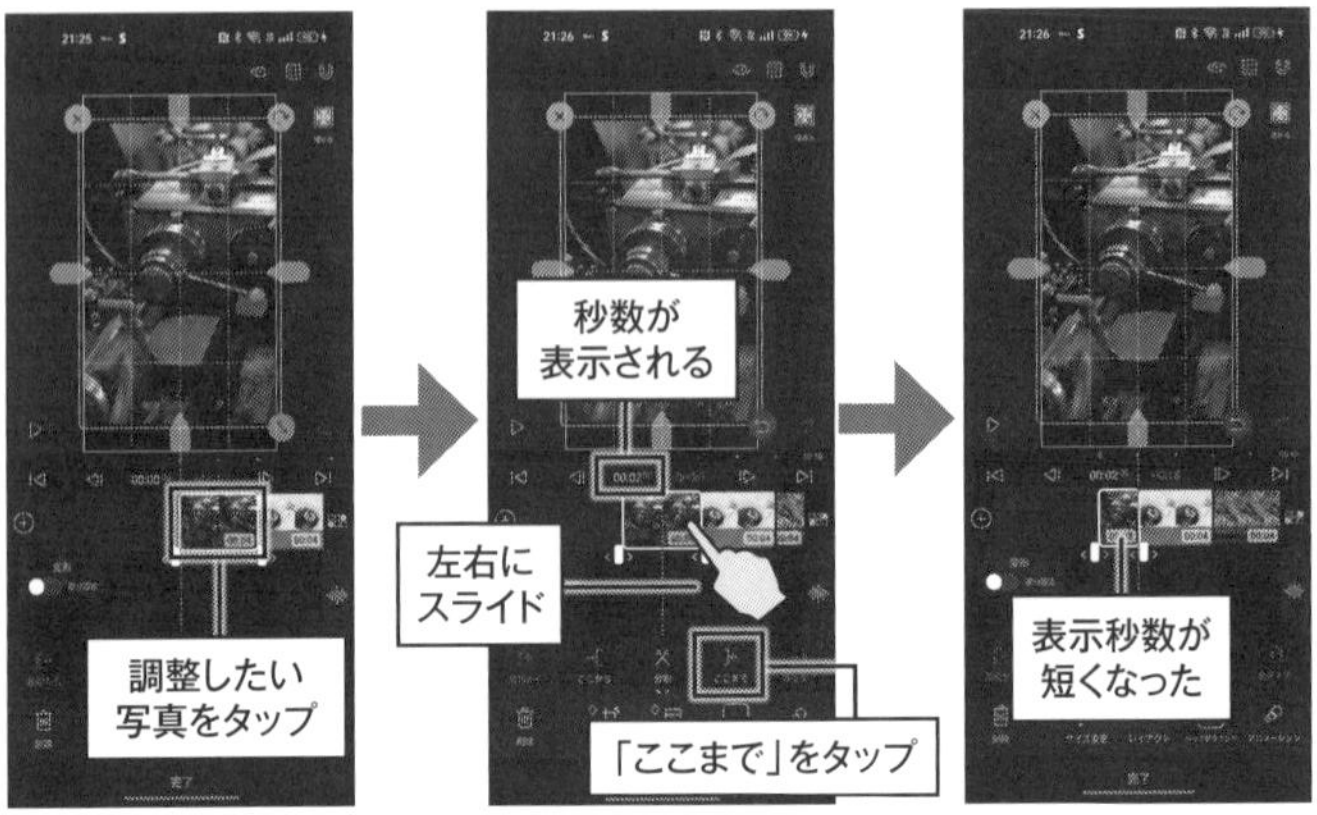

挿入された写真の表示時間を短くしたい場合は、その写真をタップし、左右にスライドして調整します。秒数を見ながら表示時間を調整してください。スライドするのではなく、早送り／巻き戻しボタンで少しずつ移動させることも可能です。
表示秒数が決まったら最後に「ここまで」をタップします。他の写真も長さを調整し、最後に一番下の「完了」をタップします。

④音楽を挿入する

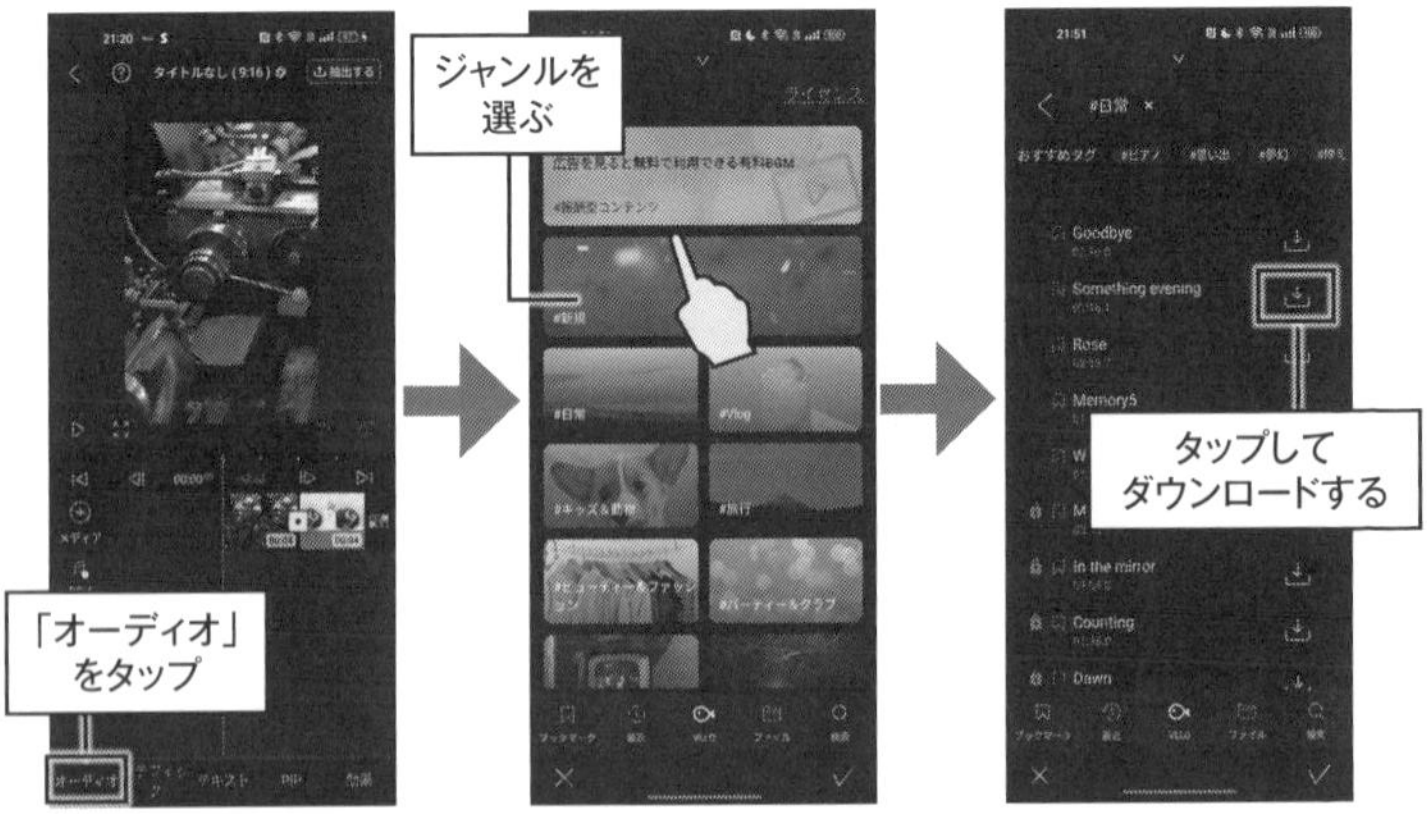

音楽を挿入するには「オーディオ」をタップします。次の画面でジャンルを選びます。次の画面で利用できるBGMが表示されます。鍵マークがついている曲は有料になります。適当な曲を選び、曲名の右側にあるダウンロードボタンをタップします。

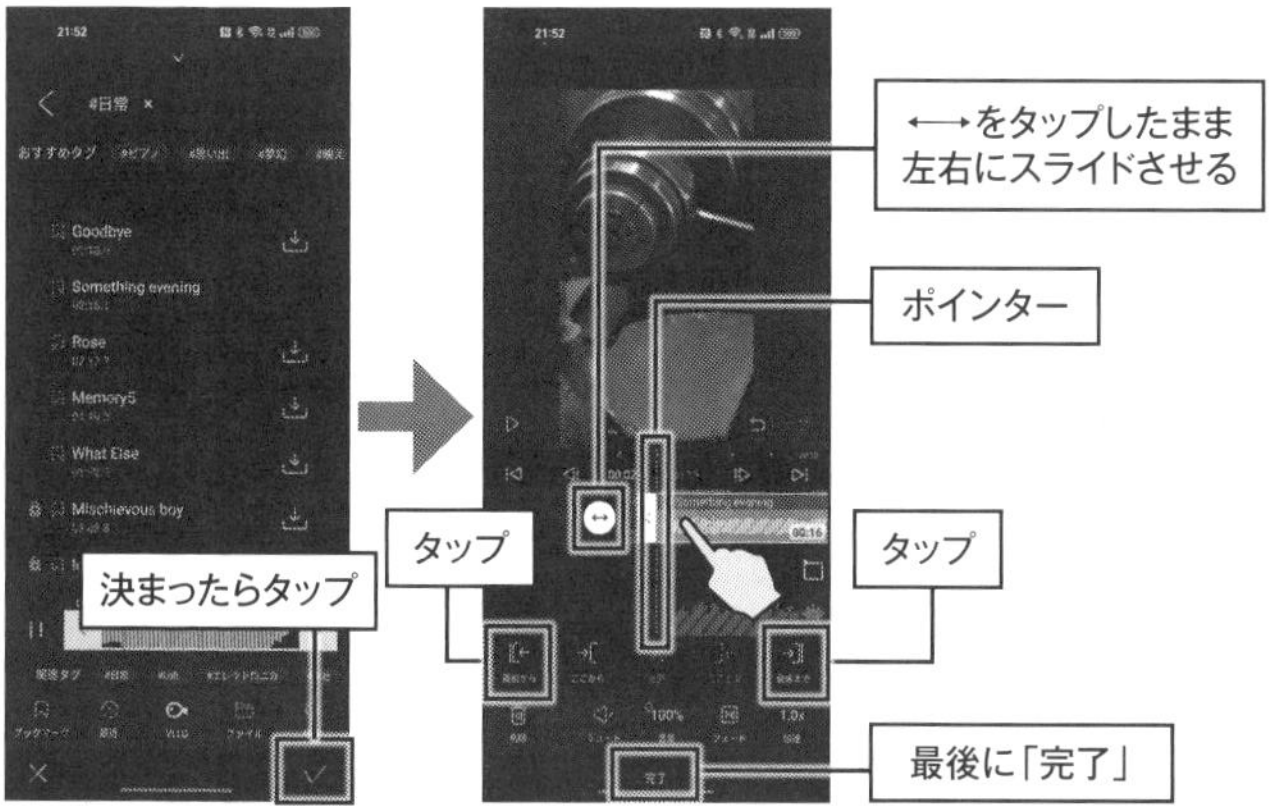

ダウンロードし終わった曲をタップすると音楽が流れます。この曲でよければ右下のチェックマークをタップします。

次の画面で、動画に重ねて音楽が表示されます。動画の最初から最後まで曲を当てはめる場合は、「最後まで」をタップします。その他、音量や速度なども調整できます。終わったら最後に「完了」をタップします。

⑤テキストを挿入する

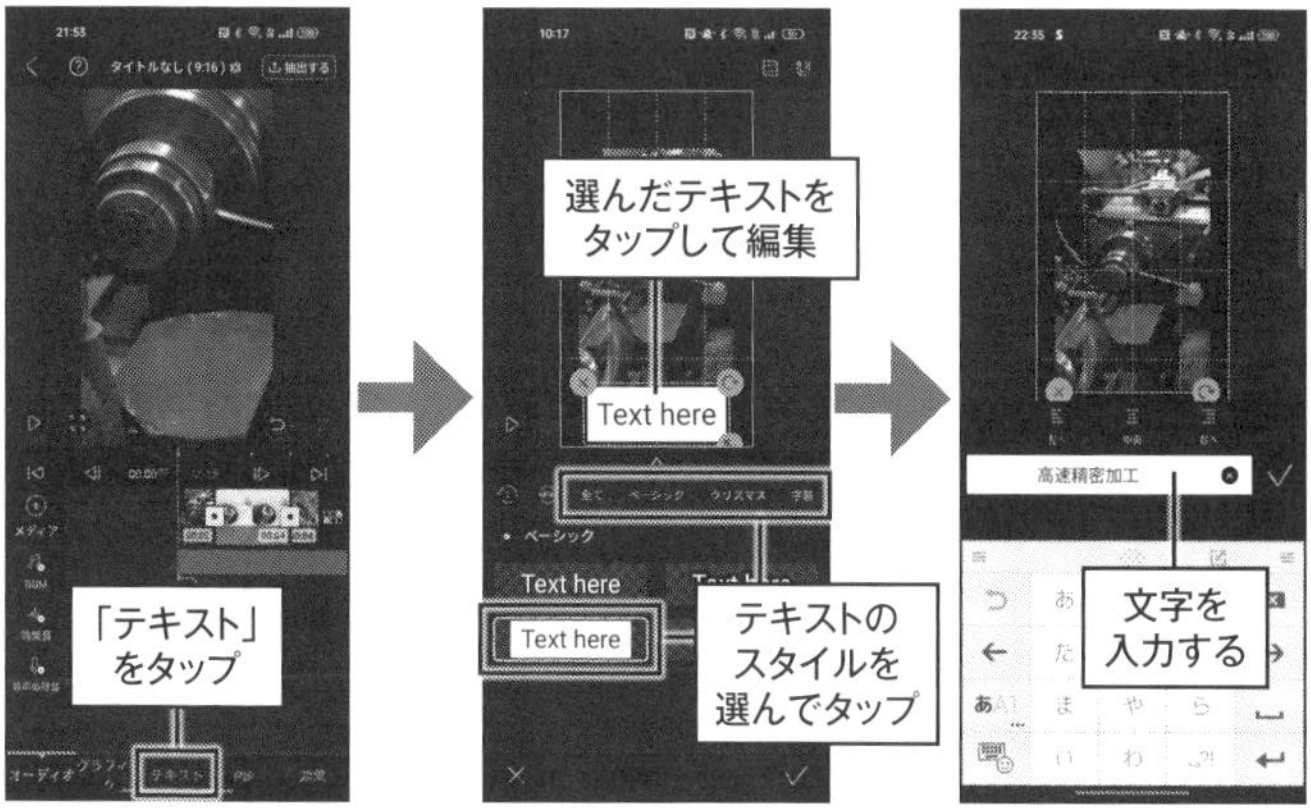

テキストを挿入するには「テキスト」をタップします。さまざまなジャンルからテキストのスタイルを選べるので、動画の雰囲気に合ったものを選んでタップします。

画面上に挿入されたテキストをタップすると、テキスト内容を編集できるので、そこで文字を入力します。終わったら右のチェックマークをタップします。

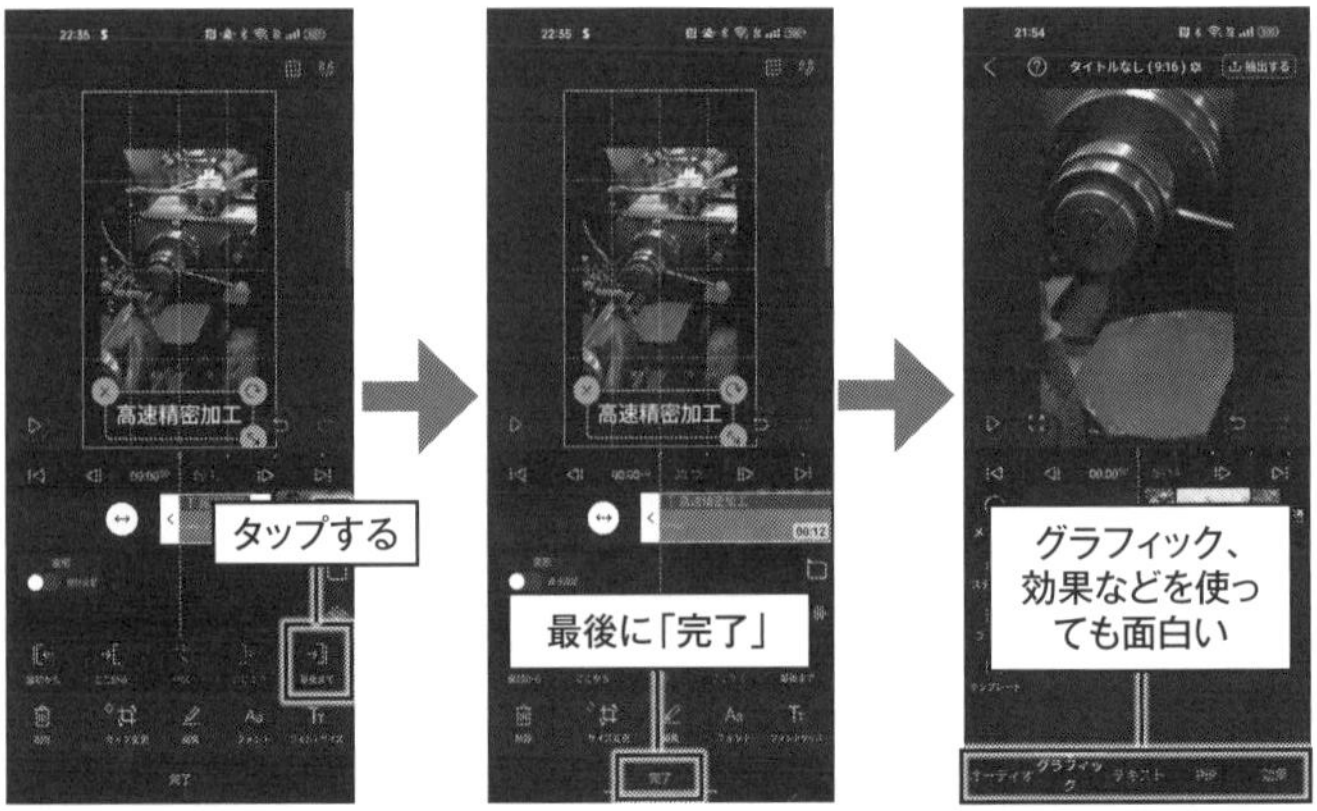

当初の設定では、最初の数秒だけ画面内にテキストが表示される状態になっています。最初から最後まで表示させるには、「最後まで」をタップします。最後に「完了」をタップします。なお、テキストは複数挿入できます。
テキスト以外にも、グラフィックや効果（フィルタ）などを加えることもできます。

⑥抽出・YouTube にアップロードする

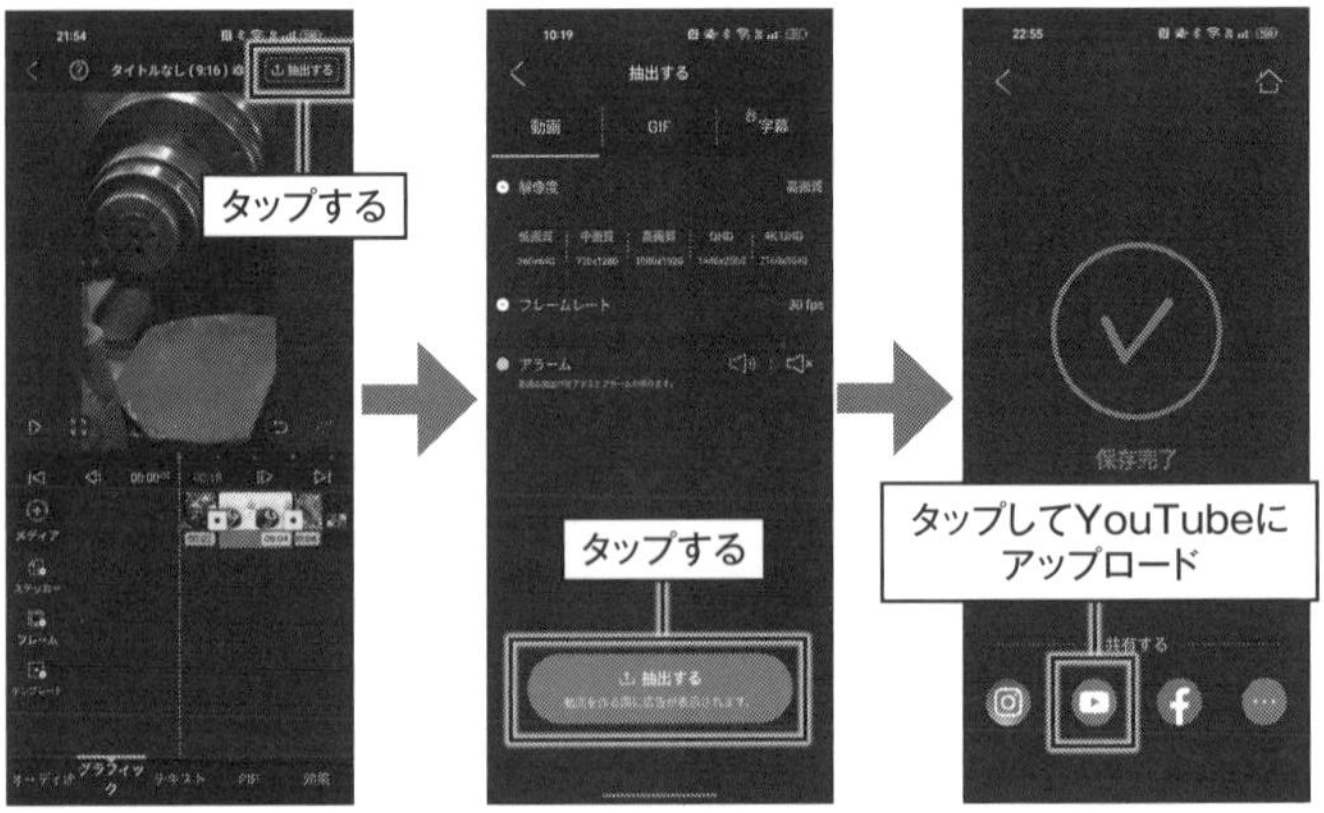

動画を作成し終わったら右上の「抽出する」をタップします。
次画面では解像度などを確認して「抽出する」をタップします。30秒間の広告が表示され、その後、動画が生成されます。
「保存完了」と表示されたらYouTubeマークをタップしてYouTubeにアップロードしてください。

自社SNSへの効果的な拡散方法

効率的な手抜き記事でSEO対策

せっかく動画を撮影したのですから、YouTubeショートだけに使うのはもったいないです。**自社メディアやSNSを運用している場合には、そちらにも動画をアップロードして活用するといいでしょう。**

なかでもおすすめはブログへの流用です。ブログもYouTubeショートやYouTubeと同様に、**各種設定に留意して投稿することでGoogle検索の上位に表示されやすい媒体です。**

うまくいけば、検索結果の1位に自社のYouTubeショート、2位に自社ブログが表示されることもあります。

ブログを活用する際の注意点は、文章の執筆に力を入れすぎないこと。

「ブログ＝文章」というイメージがあるためか、またはＳＥＯ対策を狙ってか、一生懸命長文を書いてしまう人がいます。

しかし当然ながら長文の執筆には時間がかかります。忙しい中小企業の経営者にとって時間は貴重な財産です。ブログの執筆など、本業とは直接関係の無い業務はできるだけ時間をかけずに行いたいものです。

そこで有効な手段が、**動画を中心としたブログ（Ｖｌｏｇ）にしてしまうことです。**

つまりＹｏｕＴｕｂｅのショート動画や標準動画を一つあるいは複数埋め込み、文章はそれらを補足するかたちで短めに書くという投稿方法です。これくらいの手抜き作業でも、設定に留意して投稿することで効果的なＳＥＯ対策が行えます。

◀おすすめのブログサービスは？

「ブログをやりたいが、どのブログサービスを使ったらいいのか？」という質問をよくいただきます。

ブログサービスにもいろいろあり、それぞれ特徴はありますが、おすすめは**有料のワー**

ドプレス（WordPress）または**無料のアメブロ**です。

この二つは特にユーザーが多いサービスです。**利用者の多いプラットフォームをGoogleは評価するので、これらを使っているだけでSEO対策として有利になります。**また、ワードプレスは構造的にGoogleの評価が高いサービスと言われています。


両者の違いは、ワードプレスの方が柔軟性が高いことです。**独自ドメインを利用できたり、さまざまなデザインのテンプレートが用意されていたり、詳細なアクセス解析を行えたりと、拡張性に富んでいます。**

ネックは有料であることです。ワードプレスというソフトウェア自体は無料なのですが、これを使ってブログを運用するにはレンタルサーバーを別途契約する必要があり、お金がかかります。ブログを開設するまでの初期設定に手間もかかります。

ＩＴに強い人材が社内にいる場合はワードプレスを使うのもいいでしょう。

一方、**面倒な設定はしたくないし、機能は限られていても無料で十分という方はアメブロを使うことをおすすめします。**

一つの記事を、ワードプレスで作った自社ブログとアメブロの両方に載せるのも効果的です。

いずれにしても大切なことは継続です。Googleは継続的な情報発信を評価するからです。

YouTubeショート動画の投稿と合わせて、無理のない範囲で継続的に自社ブログの運用を行ってみてください。

フェイスブックやツイッターにも投稿できる

YouTubeショート動画のSNSへの活用も検討しましょう。おすすめのSNSの一つは**フェイスブック**です。

フェイスブックはクローズド（Google検索に表示されない）のメディアなので、拡散効果は限定的です。

しかし、**友達・フォロワーがたくさんいて、それらの人と濃い関係性を構築している場合には有効です。**自分の投稿を目にした人が、その内容を精読してくれたり、動画を再生してくれたりする可能性が高いからです。

フェイスブックへの投稿も、ＹｏｕＴｕｂｅショート動画・標準動画のＵＲＬをそのまま挿入するだけなので非常に簡単です。

もう一つのおすすめＳＮＳは**ツイッター**です。

ツイッターもフェイスブックと同様に、投稿内容がＧｏｏｇｌｅ検索に反映されづらいＳＮＳです。検索意図の明確なユーザーからの濃い問い合わせを獲得するという点では不向きなメディアといえます。

しかし、**ツイッター内だけでも多くのユーザーがいて、必要な情報をツイッターで検索しています。**自分の投稿した動画が注目されれば、ＴｉｋＴｏｋのように爆発的に拡散される効果も期待できます。

ＹｏｕＴｕｂｅ動画の「共有」ボタンを押すと、フェイスブック、ツイッターなどさまざまなＳＮＳへの共有が簡単に行えます。**手間なくコンテンツを増やせるわけですから、積極的に活用していきましょう。**

YouTubeショート動画をブログにも再利用

YouTube の動画をブログに利用するには

YouTubeのショート動画や標準動画をブログに利用する方法は簡単です。動画を表示させて、その下にある「共有」をクリックします。次に「コピー」をクリックして動画のURLをコピーします。そのURLをブログサービスのブログ投稿画面でペーストするだけ。これだけでブログに動画を挿入できます。FacebookやTwitterへ投稿する場合はさらに簡単で、該当するアイコンをクリックするだけで済みます。

輪島漆器仏壇店の永田社長はYouTubeショートだけでなくアメブロも運用。YouTube動画と画像を貼り付け、あとはちょこっと文章を書くだけの“手抜き“記事で効果的なSEO対策を行っています。

LINE公式アカウントの一斉配信にもショート動画を活用する。

LINE公式アカウントとYouTubeショートは最高の組み合わせ

YouTubeショートで検索上位を獲得し、見込み客に動画を見てもらっても、そこからどう問い合わせをもらうのかが明確になっていなければ意味がありません。つまり、**YouTubeショートから自社サイト、ブログ、SNS、LINE公式アカウントなどへと誘導する導線を配置する**ことが重要になるのです。

具体的には、YouTubeショートの動画内にテキストで、社名や電話番号などの問い合わせ先、Googleで検索してほしいキーワードを入れるとともに、説明欄にも導線となる情報を盛り込む必要があります。

このようにして、動画を見てくれた人を適切に自社のメディアに誘導しましょう。

YouTubeの投稿と導線がきちんと設定できていれば、お客様からの問い合わせがあなたの元に届くことになります。

YouTubeショートからの導線として最もおすすめなのは**LINE公式アカウント**です。

自社サイトに誘導してもいいのですが、自社サイトに来てもらったとしても、それが見込み客なのかどうかは判断できません。**LINE公式アカウントであれば、「登録」してもらうことが必要にはなりますが、それが直接的に見込み客リストになります。**

念のため説明しておくとLINE公式アカウントとは、日本のなかで最も普及しているSNSであるLINEを活用した、企業・店舗向けのサービスです。顧客とのコミュニケーションや情報発信に利用できます。無料から始められて機能が充実しているので、中小企業・店舗にとっても非常に使いやすい販促ツールといえます。

営業活動の段階には、「**集客**」「**成約**（クロージング）」「**顧客リピート**」「**紹介促進**」の4段階がありますが、集客以外の三つの段階でこのLINE公式アカウントが活用可能です。

しかし、LINE公式アカウントだけでは、実は不十分といえます。LINE公式アカウントで配信するメッセージには文字と画像が使えますが、それだけでは表現力に乏しい場面があるからです。

そこでＹｏｕＴｕｂｅとの組み合わせが威力を発揮します。**メッセージにＹｏｕＴｕｂｅの動画を埋め込んで配信するのです。**これにより、文字と画像だけより何倍も訴求力のある情報発信ができるということです。

短い文章と動画で訴求力の高いメッセージに

私はＬＩＮＥ公式アカウントの運用を7年以上行い、毎週火曜日、登録してくれた方に対して有益な情報を配信しています。その際、**文字だけで配信することはありません。必ずＹｏｕＴｕｂｅ動画を埋め込み、文字数は最小限にして配信しています。**

文字で今日伝えたいことの概要を伝えて、詳しい内容は動画を見てください、と促しているわけです。

これは非常に簡単にできてかつ効果的です。ＬＩＮＥ公式アカウントの一斉配信メッセージを編集する画面で、ＹｏｕＴｕｂｅのＵＲＬを貼り込むだけです。すると、メッセージを受け取った相手の画面にＹｏｕＴｕｂｅのサムネイルが表示されます。

ＵＲＬが表示されるだけだったら寂しいのですが、サムネイルが載っていると興味を引

き、クリックして動画を見たくなります。このようにＬＩＮＥ公式アカウントの配信とＹｏｕＴｕｂｅは表現上も相性がいいということです。

LINE公式アカウントでもYouTubeを活用

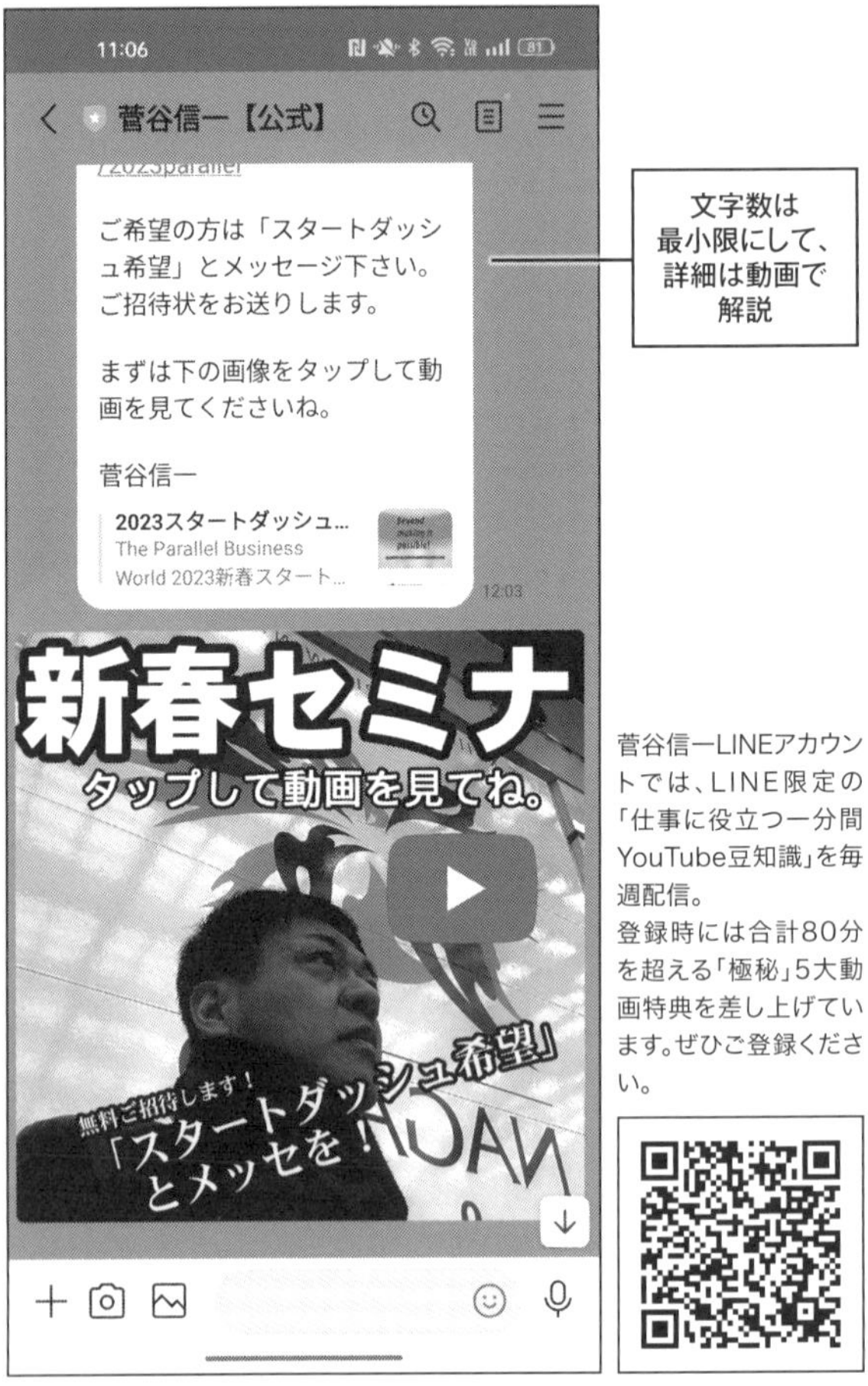
11:06
菅谷信一【公式】
ご希望の方は「スタートダッシュ希望」とメッセージ下さい。
ご招待状をお送りします。
まずは下の画像をタップして動画を見てくださいね。
菅谷信一
2023スタートダッシュ…
The Parallel Business World 2023新春スタート…
12:03
新春セミナ
タップして動画を見てね。
無料ご招待します！
「スタートダッシュ希望」とメッセを！
文字数は最小限にして、詳細は動画で解説

菅谷信一LINEアカウントでは、LINE限定の「仕事に役立つ一分間YouTube豆知識」を毎週配信。

登録時には合計80分を超える「極秘」5大動画特典を差し上げています。ぜひご登録ください。

長い文章は読んでもらえない場合が多い

そもそもＬＩＮＥ公式アカウントの情報配信では長文が好まれない傾向があります。ダラダラと長文を書いても見込み客は読んでくれないのです。限られた文字数で効果的な情報提供をするためにも、動画の力を借りる必要があります。

ＬＩＮＥ公式アカウントと同じように、集客した顧客をつなぎとめ、成約させ、リピートにつなげるツールとしてメルマガがありますが、メルマガは訴求力が乏しい、まずメールを開いてもらえないという問題があります。

それに対して**ＬＩＮＥ公式アカウントとＹｏｕＴｕｂｅの組み合わせは強力です。多くの人が日常的に利用しているＬＩＮＥで情報提供ができ、かつ訴求力の高い表現ができるからです。**

ちなみに私は、登録してくれた相手に最初に届くメッセージにも動画を載せています。「登録ありがとうございます。感謝のメッセージを動画にしてみました」というようなかたちです。ついクリックして動画を見たくなるのではないでしょうか。

このようにＬＩＮＥ公式アカウントを運用する際は、読ませるメッセージではなく、見せるメッセージを投稿することで、自社が伝えたい内容を効果的に伝えられるのです。

「ビジネスＹｏｕＴｕｂｅショート戦略」のパイオニアたちに続こう。

数々の成功者を生み出している「菅谷式ＹｏｕＴｕｂｅ戦略」に、より一層加速をつけるもの、それが本書で紹介してきた「ビジネスＹｏｕＴｕｂｅショート戦略」です。

その伝説は２０２1年7月13日から始まりました。

私自身がさまざまな実験検証を行った一ヶ月後の8月13日から弊社顧客のＹｏｕＴｕｂｅ実践者10名にモニターとしてＹｏｕＴｕｂｅショートの戦略的な投稿を実施していただきました。

ショート動画独特の投稿時の設定を細かく解説した上での、壮大な実験です。

日本国内で中小企業がＹｏｕＴｕｂｅショート動画を営業戦略として活用できるのかを試す、おそらく史上初の実験であったことでしょう。

本書でも紹介している輪島漆器仏壇店の永田幸喜社長から、いち早く実践による成果報告を送っていただきました。わずか15秒の動画が契機となり即日商品を販売に成功、そして翌日に230万円の高額商品が販売できたという知らせです。

高崎市のレストラン、GGCの福島展子さんからは、YouTubeショート動画により、継続的な人材採用が実現できているという報告をいただきました。

私は急遽、YouTubeショートの継続的な投稿を実践、強化するコミュニティ「YouTubeショート超実践会」を開設し、87名の会員と、継続的な投稿に対する添削指導を半年間にわたり実施しました。

その半年間で、成果が上がった全国の会員からの報告が相次ぎ、私はYouTubeショート動画の威力に改めて驚かされました。

従来のYouTube動画以上に極めて短時間でGoogle上位表示を実現し、またその順位を維持できることが87名のパイオニアたちの実践により明らかになったのです。

このように2021年8月からの半年間は「**ショート動画が中小企業のビジネスに極めて有効である**」という自信が確信に変わった半年間でもありました。

中小企業がＳＮＳを活用する上で欠かすことのできない３つの条件がある、と常々私は考えています。それは「**費用がかからないこと**」、「**操作が簡単であること**」、「**時間がかからないこと**」の３つです。

ＹｏｕＴｕｂｅショートは、従来のＹｏｕＴｕｂｅ戦略以上にその３つの条件を兼備した、中小企業の営業戦略に極めて有効なツールであると私は実感しています。

それと同時に、この**ＹｏｕＴｕｂｅショートのビジネス活用を啓蒙していくのが自身の使命**だと感じています。

本書で述べたように、ネット戦略の時流は短尺動画など短期決戦の傾向にあります。そうした時代背景にもマッチしたＹｏｕＴｕｂｅショート動画は今後、中小企業の有効なネット戦略のツールのひとつとして存在感を増していくものと信じています。

２００５年2月に設立されたＹｏｕＴｕｂｅ。その歴史はまもなく20年を迎えようとしています。その中で大きな転機となるのが、間違いなく今回の「ＹｏｕＴｕｂｅショート」の誕生です。

2009年から日本国内において、いち早く中小企業のYouTube活用を提唱し、数々の成功事例を生み出してきた「日本で一番古くて長いビジネスYouTube戦略」、それが「**菅谷式YouTube戦略**」です。

今回のYouTubeショートの誕生は、そのビジネスYouTube戦略を一層加速させる革命的な出来事であることは間違いありません。

YouTubeを用いたロングテールSEO対策……その価値を正確に理解している方であれば今回のYouTubeショートの誕生が極めて大きな意味を持つものであることを瞬時に理解していただけることでしょう。

3年間にわたり世界中を苦しめてきたコロナ禍も終焉を迎えます。

今後、社会が大きく躍動していく時期に、日本経済界の主役である中小企業に新しい武器を手にしていただきたい。その想いを胸に本書を書かせていただきました。

本書が契機となり、一社でも多くの中小企業の経営が改善し、アフターコロナの時代に大躍進していただくことが私の一番の望みです。

YouTubeショートのパイオニアたちに続く、日本全国の誠実な中小企業からの成果報告が届くことを心から楽しみにしています。

パイオニアたちと切磋琢磨をしながら本気でＹｏｕＴｕｂｅショート動画を活用したい方は、「ＹｏｕＴｕｂｅマトリクス　菅谷信一」で検索をしてください。

ＹｏｕＴｕｂｅ戦略コンサルタント
菅谷信一

やってる人は稼いでる!
ビジネスYouTube入門 その②

YouTube ショート動画 ビジネス革命!

2023年4月30日　第一刷発行

著者
菅谷信一

装丁
ゴロー2000歳

編集協力
平 行男（スクライブ）

DTP
松澤由佳

イラスト
浦崎安臣

編集
内山利栄

発行人
佐藤孔建

印刷所：中央精版印刷株式会社
発行・発売：スタンダーズ株式会社
〒160-0008
東京都新宿区四谷三栄町12-4
竹田ビル3F
営業部（TEL）03-6380-6132

©standards 2023
Printed in Japan

●本書の内容に関してのご質問はスタンダーズ株式会社までメールでご連絡ください（info@standards.co.jp）。また電話での質問はご遠慮ください。
●乱丁・落丁はスタンダーズ株式会社宛にお送りください。送料弊社負担の上、お取り替えいたします。
●本書の無断転載を禁じます。